Erik Knudsen
Selected Poems

Translated from the Danish by
Michael Favala Goldman

Spuyten Duyvil
New York City

ACKNOWLEDGEMENTS:

Many thanks to the following journals in which these translations first appeared.
Mantis: "36"
Cagibi: "Minotaur"
Sub-primal Poetry: "Credo"
Exchanges Journal: "Every improvement, every little screw;" "Albrecht Dürer: Melancholia," The World Order," and "48"

Sincere appreciation to The Danish Arts Foundation for their financial support towards the translation of this book. Permissions granted by Gyldendal Group Agency.

THE DANISH ARTS FOUNDATION

© Erik Knudsen, Copenhagen.
Published by agreement with Gyldendal Group Agency.
Translation © 2019 Michael Favala Goldman
ISBN 978-1-949966-30-5 pbk. | 978-1-949966-31-2 hdc.

Library of Congress Cataloging-in-Publication Data

Names: Knudsen, Erik, author. | Goldman, Michael (Michael Favala), translator.
Title: Selected poems / Erik Knudsen ; translated from Danish by Michael Favala Goldman.
Description: New York : Spuyten Duyvil, [2019]
Identifiers: LCCN 2019013885| ISBN 9781949966305 (pbk.) | ISBN 9781949966312 (hardcover)
Subjects: LCSH: Knudsen, Erik,--Translations into English.
Classification: LCC PT8175.K58 A2 2019 | DDC 839.813/72--dc23
LC record available at https://lccn.loc.gov/2019013885

Contents

Forord	viii	Foreword	ix

fra *Dobbelte dage* / from *Doubled days*

Min Lundbyerus	2	My Lundbye delirium	3
Sommeren før krigen	4	The summer before the war	5
Skjult i skoven	6	Hidden in the forest	7
Søvn	8	Sleep	9

fra *Til en ukendt gud* / from *To an unknown god*

At fuldende er at begrænse	12	To complete is to limit	13
Billeder billeder	14	Pictures pictures	15
Hver forbedring, hver lille skrue	18	Every improvement, every little screw	19
I denne verden af glasskår og murbrokker	22	In this world of glass shards and rubble	23
Verden er et galehus	28	The world is a madhouse	29

fra *Blomsten og sværdet* / from *The flower and the sword*

Credo	36	Credo	37
Min kærlighed	40	My love	41
Sagn	42	Saga	43
Blomsten og sværdet	46	The flower and the sword	47
Bartholomæusnat	48	Bartholomew's Night	49
Hjertesuk	50	Deep sigh	51
Maskebal	52	Masquerade Ball	53
Helvedslarm	54	Infernal Noise	55
Urolig nat	56	Uneasy Night	57
Mit hjerte råber	60	My heart cries out	61

fra *Brændpunkt* / from *Hotspot*

Mod lyset	64	Towards the light	65

fra *Minotauros* / from *Minotaur*

Schack Staffeldt	70	Schack Staffeldt	71
Morgen og aften	74	Morning and evening	75
Uvejr	76	Bad weather	77

Signalement	78	Description	79
Drømmen	80	The Dream	81
Albrecht Dürer: Melancholia	82	Albrecht Dürer: Melancholia	83
Verdens orden	86	The world order	87
Minotauros	88	Minotaur	89
Til Dan Sterup-Hansen	90	To Dan Sterup-Hansen	91
Optegnelser	92	Notes	93

fra *Sensation og stilhed* — from *Sensation and stillness*

Eksdronning	98	Ex-queen	99

fra *Digte 1945-58* — from *Poems 1945-58*

Marginal man	102	Marginal man	103
Elegi. Charlie Parker	104	Elegy. Charlie Parker	104

fra *Journal* — from *Records*

En hare	108	A hare	109
Rigshospitalet	110	The National Hospital	111
De gamle mænd på hospitalerne	112	The old men in the hospitals	113
Picasso	114	Picasso	115
Ingen lyde i natten	116	No sounds in the night	117
Det flygtige	118	The ephemeral	119
Jeg går ud af mit hus	120	I leave my house	121

fra *Babylon Marcherer* — from *Babylon is marching*

I det hvide hus	124	In the White House	125

fra *Forsøg på at gå* — from *Attempt to leave*

Udfordring	128	Challenge	129
At finde sig en lille plads	130	Finding a little place for yourself	131
De stolte	132	The proud	133
Vi fra fyrrene	134	We from the forties	135
Skovvandring	136	Forest stroll	137
Begyndelse	138	Beginning	139

fra *Håb og handling* — from *Hope and action*

Utopi	142	Utopia	143

fra *Ord fra Humlebæk*		from *Words from Humlebæk*	
Du kan starte her	146	You can start here	147
Du har et ansigt som	148	You have a face like	149
Mit værelse	150	My room	151

fra *Hjemme i labyrinten*		from *At home in the labyrinth*	
Rolig kameraføring	154	Smooth camera work	155
Det er vinter	156	It's winter	157
På jagt efter oprindelighed	158	Hunting for origins	159
Sorte mandag gule fredag	160	Black Monday Yellow Friday	161
On location	162	On location	163
Så begynder den skønneste	164	So begins the most beautiful	165
Jeg skiller mig ud fra	166	I separate myself from	167
Porcelænskyer	168	Porcelain clouds	169
Så er vi på kursus	170	So we're at a workshop	171
Det er ingen sag	172	Anyone can	173
Millioner af processer	174	Millions of processes	175
Jeg valgte saksen	176	I chose the scissors	177
Da jeg stod og proppede tøj	178	As I stood stuffing clothes	179
Al den snak om Apokalypse	180	All this talk about an apocalypse	181
– De kommer for at få én ting	182	– They come to get one thing	183
Endelig aften	184	Finally evening	185
Figurer på himlen	186	Figures in the sky	187
Hvad skal vi med tingen	188	What shall we do with the thing	189
Begærets himmelflugt	190	Desire's blast-off	191
Man can gå op	192	You can go up	193
Skovene stejler	194	The forests rise	195
Fuglenes trækruter	196	The bird migration routes	197
Ånden i naturen	198	The spirit in nature	199
Kassandras flotte krop	200	Cassandra's beautiful body	201
Uden at genere en lærke	202	Without disturbing meadowlark	203
Hjemme	204	At home	205

fra *Sand*		from *Sand*	
Variere, spring op	208	Vary, jump up	209
– Kan du være helt stille	210	– Can you be totally quiet	211
de siger jeg er for gammel	212	they say I'm too old	213
ramt af sommerfugl	214	hit by a butterfly	215
– Donna, for helved	216	– Goddammit, Donna	217

om jeg fatter hvordan	218	do I get it how	219
Den store nymfe møder jeg	220	I meet the great nymph	221
På en byggemoden mark	222	On a field ready for development	223
Hvad er det?	224	What is it?	225
At komme	226	To come	227
Plasticsække struttende violette	228	Plastic sacks projecting violet	229
Det umulige, det er mig	230	The impossible, that's me	231
Er det ikke underligt	232	Isn't it strange	233
Så kom der nogen	234	Then someone came	235
Der er ikke hold i den mand	236	There's nothing in that man	237
– Hvad laver du?	238	"What are you doing?"	239
afbryde en lovende løbebane	240	interrupt a promising career	241
du behøver ikke hitte på	242	you don't have to make it up	243
se her en kasse	244	here we have a box	245
Metalplader	246	Metal plates	247
jeg ved ikke mer	248	I don't know any more	249
Glæde	250	Joy	251
vil hele tiden ud over bordpladen	252	always trying to get over the edge	253
som en arkitekt skitserer	254	like an architect sketches	255
Så bliver da kamera, video, TV	256	And now these three remain	257
lyseblåt plisseret vand	258	light blue pleated water	259
Grøn Sang	260	Green Song	261

Forord

Erik Knudsen (1922-2007) debuterede i 1945 med digtsamlingen, *Dobbelte Dage*, og han blev hurtigt anset for at være en af 1940´ernes betydeligste digtere. Det var en periode, hvor det var svært for en ny generation at fæste lid til fortidens tanker, til ideologi og politik. Nazismen trak skræmmende spor, og atombomberne, som amerikanerne i 1945 brugte mod Japan, havde gjort det rystende klart, at menneskeheden havde selvudslettende våben i hænde og en vilje til at bruge dem.

Stedt i disse vilkår blev det nødvendigt, om end utrolig svært at søge et fodfæste i digtningen. For Erik Knudsen og andre i hans generation syntes ordene utilstrækkelige. Digterne så sig lukket inde i et arsenal af slidte og opbrugte billeder og gamle attituder, som man måtte prøve af eller forkaste for at kunne tage virkelighedens udfordring op og for at kunne udfordre den nye, grusomme virkelighed. Det drejede sig om at skabe en digtning, der kunne være et modtræk til de billeder af krig og menneskelig lidelse, som havde brændt sig fast på nethinden.

Erik Knudsen udfordrede poesien og dens gamle billedsprog, og han kom til at sætte sit særlige præg på den danske digtning med stærke billeder af nye menneskelige vilkår.

Erik Knudsen stammede fra et lærerhjem i Slagelse på Sjælland, og han uddannede sig også selv til lærer. Allerede som ung lærerstuderende begyndte han at sende digte ind til lyriktidsskriftet, *Vild Hvede* og drømte om at blive del af kredsen omkring den feterede redaktør Viggo F. Møller, hvor Tove Ditlevsen, Halfdan Rasmussen og Morten Nielsen færdedes. I 1946 mødte han Lise Sørensen (1926-2004), der også nærede forfatterdrømme. De blev gift i 1947; deres ægteskab holdt livet ud og blev fuldt af kærlighed, gensidig respekt og støtte. Lise Sørensen blev fortrinsvis kendt for sin essayistik, og hun var den første på dansk grund, der introducerede en ny kønsrolledebat med udgivelsen, *Digternes damer* (1964).

Erik Knudsen stiftede familie samtidig med, at han engagerede sig i digtning og litteraturdebat. Han fik job som folkeskolelærer og skrev litteraturanmeldelser til Social-Demokraten.

I 1950 blev Erik Knudsen sammen med litteraten Sven Møller

Foreword

In 1945, Erik Knudsen (1922-2007) debuted with his poetry collection *Dobbelte Dage (Doubled Days)*, and he was quickly recognized as one the most influential Danish poets of the 1940s. At that time it was difficult for a new generation to trust in the thinking of the past with respect to ideology and politics. Naziism had left frightful marks, and the atomic bombs which Americans used against Japan in 1945 had made it all too clear that humanity had weapons with which it could destroy itself, plus the willingness to use them.

Under these circumstances it was necessary, and extremely difficult, to seek a foothold in poetry. For Erik Knudsen and others of his generation words seemed insufficient. The poets felt trapped in an arsenal of used, worn-out images and old attitudes, which had to be tested or rejected in order to confront and respond to the challenges of the new dire reality. Their task was to create a poetry that could stand in contrast to the picture of war and human suffering which had been etched on people's retinas.

Erik Knudsen confronted poetry and its antiquated pictoral language, and was able to set his unique stamp on Danish poetry with powerful images of new world conditions.

Erik Knudsen came from a family of teachers from Slagelse in Sjælland, Denmark, and he earned a teaching degree as well. Already as a young teaching student he began sending poems to the journal *Vild Hvede (Wild Wheat)*, and he aspired to join the inner circle of writers around the celebrated editor Viggo F. Møller, of which Tove Ditlevsen, Halfdan Rasmussen, and Morten Nielsen were a part. In 1946 he met Lise Sørensen (1926-2004), who also had dreams of being a writer. They were married in 1947. Their marriage lasted their entire lives and was filled with love, mutual respect, and support. Lise Sørensen was chiefly known for her essays, and she was the first Danish author to introduce a new debate about gender roles with her book *Digternes Damer (The Ladies of Poetry)* in 1964.

While starting a family, Erik Knudsen also dedicated himself to writing poetry and engaging in the literary debates of the day. He worked as a public school teacher and wrote book reviews for the *Social-Demokraten* newspaper.

Kristensen medredaktør på tidsskriftet *Dialog*, der tog kritisk afstand fra datidens førende litteraturtidsskrift *Heretica*, hvis kulturkritik man fandt alt for verdensfjern og metafysisk. Men man vendte sig også mod, hvad man kaldte tidens generelle "kulturforfladigelse". Stifterne mente, at der var brug for ny rummelighed og frihed i debatten. Tidsskriftet havde klare forbindelseslinjer til Danmarks Kommunistiske Parti og de brydninger i partiet, der førte til stiftelsen af Socialistisk Folkeparti i 1959, efter Sovjets invasion af Ungarn i 1956. Derfor blev det hurtigt til mange artikler om marxisme, socialistisk realisme og Sovjet-kunst, men også om afrikansk digtning, om amerikansk litteraturkritik, ikke mindst den epokegørende nykritik. Erik Knudsen stod for tidsskriftets litterære bidrag; han var selv meget politisk engageret, tog del i politiske kampe og debatter og sluttede op om Socialistisk Folkeparti. Han var med til at starte bevægelsen mod Vietnam-krigen, Vietnam 69, og han tog som fredsvagt til Nicaragua 1984. Men han kendte også de politiske standpunkters begrænsninger, og han slap aldrig den forankring, som hans digtning var og blev for ham.

I 1954 blev han ansat som lærer på Krogerup Højskole, og han virkede på skolen frem til 1982. Højskolearbejdet inspirerede hans digtning og gav ham mulighed for også at dyrke musik, billedkunst og teater. Han elskede højskolens mere frie undervisning og mødet med de engagerede unge mennesker. Hans digteriske produktion kom således, også inspireret af højskolen, til at omfatte både dramatik, essays, TV-stykker og revyer. Her, som i hans digtning, blev Bertolt Brecht en vigtig inspirator. Både Brechts digtning og dramatik vendte han tilbage til, men i digtningen var også de svenske Karl Vennberg, Erik Lindegren, Maria Wiene, Werner Aspenström og Ragnar Thoursie blandt hans foretrukne sammen med et udvalg af kinesiske digtere med Po Chü-i som den absolutte favorit. Erik Knudsen oversatte et udvalg af det svenske 40-tals digtere sammen men sin nære ven, digteren Ivan Malinowski.

Et tidligt hovedværk i Erik Knudsens omfattende digtning er *Blomsten og Sværdet* (1949), der kredser om, at når man er konfronteret med menneskets ødelæggende kræfter og med krig, så bliver en traditionel gammeldags naturlyrik afskyelig. Man må finde andre veje og forsøge at se, hvordan tidens mørke måske alligevel er omspændt af

In 1950, together with Sven Møller Kristensen, Erik Knudsen became co-editor of the periodical *Dialog (Dialogue)*. They established a critical distance between *Dialog* and the leading journal of the period, *Heretica*, which they found too metaphysical and removed from reality. But they also opposed what was termed the general "cultural trivialization" of the time. The *Dialog* founders believed it was time for a new spaciousness and freedom of debate. Their journal had clear ties to Denmark's Communist Party, and to the splinterings of the party which led to the founding of the Socialist People's Party in 1959 after the Soviet invasion of Hungary in 1956. They published many articles on Marxism, socialist realism, and Soviet art, but also on African poetry, American literary criticism, and especially new, groundbreaking commentary. Erik Knudsen was in charge of the journal's literary section. Meanwhile he was very politically involved, taking part in political battles and debates, rallying around the Socialist People's Party. He helped to start the Danish movement against the Vietnam War – Vietnam 69 – and he traveled to Nicaragua in 1984 as part of a peace delegation. But he knew the limitations of political posturing, and he never relinquished poetry, which was a grounding influence in his life.

In 1954 he was hired as a teacher at Krogerup Højskole, where he taught until 1982. His work at the school brought him poetic inspiration, and allowed him to delve into music, art, and theater. He loved the less-constrained approach of the folk high school and the interactions he had with enthusiastic young people. With these influences, his creative output expanded into drama, essays, pieces for television, and local theater. In these works, as well as in his poetry, he drew inspiration from Bertolt Brecht. In his poetry he was also inspired by Swedish poets Karl Vennberg, Erik Lindegren, Maria Wiene, Werner Aspenström, and Ragnar Thoursie, as well as by a selected group of Chinese poets with Po Chü-i as his absolute favorite. Together with his close friend, poet Ivan Malinowski, Erik Knudsen co-translated a selection of 1940s Swedish poets.

One the most important poetry collections of Erik Knudsen's early career is *Blomsten og Sværdet (The Flower and the Sword)* from 1949. A motif of the book is the abomination of traditional old-fashioned

lys og håb. " Jeg tror at mørket er omspændt af lys/Som endnu tøver bag nattens rand" – hedder det i et af de store digte fra samlingen.

Erik Knudsen udgav i de følgende årtier en stribe digtsamlinger, hvor hverdagsverden, verdenssituationen og livets mange rystelser blander sig. Myterne, historien og menneskehedens gamle frihedsdrømme er klangbund, og selv om Erik Knudsen er modernistisk digter, mærker man også en romantisk impuls. Denne klinger måske allersmukkest i det store digt "Schack Staffeldt" fra digtsamlingen, *Minotauros* (1955). Digtet skildrer den romantiske digter Staffeldts krise og tvivl på kunsten. Romantikkens ideer om kunsten og den kunstneriske fantasis særlige kræfter, dens store syner, hvor drømmen er digterens eneste element, udfordres af en snigende følelse af tomhed, måske er digteren selv blot en slukket planet i et hav af ild.

Erik Knudsen blev medlem af Det Danske Akademi i 1966, men udtrådte igen i 1972. Mange gættede på, at der var politiske grunde til, at han forlod den hæderkronede forsamling, hvor også gamle *Heretica*-digtere residerede. Men selv fastholdt han, at han fandt arbejdet for omfattende og tidskrævende – udsigten til at skulle holde mange taler forstyrrede hans digtning. En tankegang, der forekommer ganske rimelig, når man tager hans høje arbejdsmoral og pligtfølelse i betragtning.

Et hovedværk fra de senere år var *Forsøg på at gå* (1978), hvor Erik Knudsen igen udtrykker sin skepsis over for ideologi og religion. Han digter på al slags tvivl og kritik, også i forhold til dit eget politiske ståsted på venstrefløjen. Han holder fast i socialismen som en arbejdshypotese, som han kalder den, men de store ord er langt væk. Man mærker igen i *Forsøg på at gå*, hvor vigtigt det poetiske sprog er, når et politisk sprog og en politisk tankegang er ved at stivne i klicheer og entydigheder. *Forsøg på at gå* er tæt på hverdagen, det trivielle og jævne og helt almindelige. Her er netop ingen "fede sætninger" fra "fyrrerne", som det hedder i et af digtene. *Forsøg på at gå* er så tæt på hverdagens detaljer, de enkle sansninger og iagttagelser, fordi digtene prøver at finde en ny lydhørhed over for ordene. *Forsøg på at gå* skildrer også en personlig krise, hvor digteren er ramt af depression. Selv kaldte han *Forsøg på at gå* en dagbog eller en form for selvterapi. Men dens kunstneriske værdi fornægter sig ikke.

nature poetry when one is faced with war and humanity's destructive powers. New paths must be forged, and new attempts must be made to see how the darkness of the times may still be surrounded by light and hope. As he writes in one of the poems from the book, "I believe the dark is enveloped by light/Still hesitating at the edge of night."

In the following decades, Knudsen published a succession of poetry collections which blend together everyday banalities, the world situation, and the many jolts life offers. The foundation of his work is built on myths, history, and the traditional dream of freedom. Even though Erik Knudsen is a modernist poet, a romantic influence is still evident. This quality may come through best in the poem "Schack Staffeldt" from his 1955 book *Minotauros* (*Minotaur*). This poem depicts the romantic poet Staffeldt's crisis and misgivings about art. Romantic ideas about art and the special power of artistic invention and its great visions, where the dream is the poet's single element, is confronted by a sneaking suspicion of emptiness, where the poet may be only an extinguished planet in an ocean of fire.

Erik Knudsen became a member of the Danish Academy in 1966, but left it again in 1972. Many believed he left this distinguished group, of which old *Heretica* poets were also members, for political reasons. But he maintained that the demanding work of the Academy, including the prospect of holding numerous lectures, disturbed his writing process. This explanation seems reasonable, considering his work ethic and conscientiousness.

An important work from his later years is *Forsøg på at gå* (*Attempt to leave*), from 1978, when Erik Knudsen again expresses his skepticism towards ideology and religion. He writes with doubt and criticism, even about his own political position on the left wing. He retains socialism as a working hypothesis, as he calls it, but he makes no declarations. In this book he shows what an important role poetic language plays, when political language and political debate is congealing into cliché and simplistic speech. The subject matter of *Forsøg på at gå* is intimate with the everyday, the banal, the common. As Knudsen writes in one poem, in this volume there are no "fat sentences" from the "forties." He also depicts a personal crisis, where the poet is hit by depression. Knudsen called the collection a diary, or a form of self-therapy. But this does not deny its artistic value.

Blandt de øvrige hovedværker er *Ord fra Humlebæk* fra 1986. Digteren er blevet ældre, men hans digtning gnistrer af vitalitet, energi og lidenskab. I *Ord fra Humlebæk* er der en jazzet, henkastet rytme, temposkift og nerve i stemmeføringen. Og pointerne leveres med et smæld, som når digteren erklærer, at selv om han ikke er afklaret, så han er tilfreds "bare jeg stadig har ild i røven". Et digt handler om, hvordan Knudsen foretrækker skitsen som en genre, skitsen som både bruges i billedkunst og digtning. I digtningen har skitsen den fordel, at den kan være både hurtigt og smuk. Tiden ikke til indviklet poesi og sonetkranse; tiden er til skitsen. Erik Knudsen kredser om forholdet mellem menneske og omverden. Han klasker en myg, støver rundt i skoven, drikker et par snaps og bliver som det hedder "tolerant indtil det utålelige". Han formaner sig selv om, at være glad, selv om han jo, som der står, er "et surt søm". Det kan ikke se helt sort ud med al den energi, folk har. Erik Knudsen taler ofte med sig selv i sine digte og modsiger sig selv for at bringe digtet videre. Situationen i verden er labil, siger han, og tilstår, at det er han også. Han er digter og tvivler, og han har brug for poesi.

Man bliver mærkelig grebet af at læse Erik Knudsen: Han kan være meget alvorsfuld, kan føre en skarp kritisk stemme og se alle det moderne menneskes problemer direkte i øjnene. Men han har samtidig en evne til at komme ud med sproget, forundres og udfordre sig selv, sin omverden og sin læser. Det dialogiske og snerten af humor mærkes især i hans sene digtning.

Erik Knudsens sidste bog blev en oversættelse: Arthur Rimbauds *Illuminationer* (2007). Rimbaud skrev formentlig disse digte som 18-19-årig i 1873-1874. Med denne oversættelse af den unge digters gnistrende og vilde poesi fejrede Erik Knudsen sin 85års fødselsdag. Det var karakteristik, at netop en sådan ung vild og ild-glimtende digtning stadig optog ham i hans alderdom, og at den trak linjer tilbage igennem hele forfatterskabet til hans egen ungdomsdigtnings stærke billedverden. Oversættelsen blev hyldet som et mesterværk. Selv betragtede han den som en gestus af taknemmelighed over for sin far, der havde brugt mange timer på at hjælpe ham, da han var dreng med at klare skolens sprogundervisning.

Få måneder efter udgivelsen af *Illuminationer* døde Erik Knudsen.

Among his other important works are *Ord fra Humlebæk* (*Words from Humlebæk*), published in 1986. Here the poet is older, but his words sparkle with vitality, energy, and passion. The collection contains jazzy, casual rhythms, changes of tempo, and verve in intonation. The ideas are delivered with élan, like when the poet declares that, even though he is still a work in progress, he is satisfied "as long as I still have spunk." One poem tells why Knudsen prefers the sketch as a genre, both as visual art and in writing. In writing, the sketch has the advantage of being both fast and beautiful. These are not times for complicated poetry and sonnet cycles. These are times for sketches. Erik Knudsen circles around the relationship between humans and the world around them. He smacks a mosquito, tramps around the woods, drinks some schnapps, and becomes "tolerant of the intolerable." He admonishes himself to be happy, even though, as things are, he is "a sour grape." It can't be so dire with all the energy people have. Erik Knudsen often speaks to himself in his poems, and contradicts himself to let the poem have its way. The world's situation is unstable, he says, and he confesses that he is as well. He is a poet and a doubter, and he needs poetry.

Reading Erik Knudsen can be surprisingly engrossing. He can be very serious, wielding a sharp, critical voice while staring modern problems of humanity right in the eye. But he also has the ability to deliver the language of wonder, to challenge himself, his surroundings, and his readers. The use of dialogue and a touch of humor is especially marked in his later poetry.

Erik Knudsen's final book was a translation into Danish of Arthur Rimbaud's *Illuminations* (2007). Rimbaud presumably wrote these poems as an 18- or 19-year-old in 1873-74. With this translation of the young poet's sparkling, wild poetry, Erik Knudsen celebrated his eighty-fifth birthday. It was characteristic that such a young, wild, fire-breathing poetry would still occupy him at his age; it connects back through his works to the poetry of his own youth. The translation was celebrated as a masterpiece. Knudsen himself saw it as a gesture of gratitude towards his father, who had spent many hours helping him when he was a boy to complete his language lessons in school.

Erik Knudsen died a few months after the publication of *Illuminations*.

Anne-Marie Mai er professor i nordisk litteratur ved Syddansk Universitet. Sammen med Erik Knudsen udgav hun i 2006 samtalebogen, *Virkeligt – om Erik Knudsens digtning*, Syddansk Universitetsforlag.

Anne-Marie Mai is professor of Nordic Literature at Syddansk Universitet. In 2006, together with Erik Knudsen, she published the book *Virkeligt – om Erik Knudsens digtning* (*Really – on the poetry of Erik Knudsen*), Syddansk Universitetsforlag.

Dobbelte dage/
Doubled days

1945

Min Lundbyerus

Jeg var ikke mig selv, jeg var Lundbye,
sad trygt på barneskammel hos naturen,
lykkelig ene i det åbne land.
Den lave slette, himlens oceaner
blev tegnet ned og fyldte på papiret
så lidt som skyggen af et kløverblad.
Og jeg fik øjne. Alt sprang op som døre –
Jeg tegnede og skrev, jeg ville ikke,
at drømmen skulle flyve. Jeg var stædig.
Jeg holdt den fast. Der sad jeg tolv år gammel
med verden som en hund for mine fødder.

My Lundbye delirium

I wasn't myself, I was Lundbye,
sitting securely on a little stool out in nature,
happily alone in the open land.
The low plains, the sky's oceans
were drawn down, filling the paper
down to the shadow of a clover leaf.
And I got eyes. Everything sprung open like doors –
I drew and wrote, not wanting
the dream to end. I was stubborn.
I held onto it. I sat there, twelve years old
with the world like a dog at my feet.

Johan Thomas Lundbye (1818-1848) Danish painter

Sommeren før krigen

Imellem skyggetræer
cykled vi let,
ad blanke veje,
intet hindrede os.

Så ligetil var alt:
Den åbne mark,
cementvejen
og hjulenes sang.

Hvad vidste vi?
Hvad tænkte vi?
Blidt blev vi båret frem
som bølgeskibe.

Endnu var vi kun sæd
i moderhulen.
Himmel og jord
lå lunt omkring os.

Himmel og jord
stod spændt om vore kroppe.
Dagene gled,
vi mærkede dem ikke.

Imellem skyggetræer
cykled vi let,
ad blanke veje,
intet hindrede os.

The Summer Before the War

Between the shadowtrees
we bicycled with ease,
down bright roads,
nothing in our way.

Everything was simple:
The open field,
the cement road,
and the wheels' song.

What did we know?
What were we thinking?
Gently we were borne onward
like bouyant ships.

We were still only seeds
in the mother cave.
Sky and earth
lay warm around us.

Sky and earth
were wrapped around our bodies.
The days slid by
without our noticing.

Between the shadowtrees
we bicycled with ease,
down bright roads,
nothing in our way.

Skjult i skoven

Jeg ved et sted under høje træer,
hvor solen aldrig når ned,
hvor løvets dirrende skyggehænder
åbner og lukker for himlens lys.
Og træerne hvisker om fuglereder
og brækkede grene og fodspor i græsset,
og stemmer trænger ud fra det dybe,
hvor drengene sidder i sorte huler
og ryger og taler om bjørn og ulv.

Hidden in the Forest

I know a place under the high trees,
where the sun never reaches,
where the foliage's trembling shadowhands
open and shut out the sky's light.
And the trees whisper about bird's nests
and broken branches and footprints in the grass,
and voices press outward from the depths,
where the boys sit in black caves
smoking and talking about bear and wolf.

SØVN

Mens jeg sank ned i søvnens grønne hav,
gled træets sorte skygge over ruden,
og fugle fløj forbi med dagens korn
i deres næb. Jeg hørte ikke skud
og ikke ambulancerne, der skreg –
Jeg hørte ikke pigens tyste skridt,
jeg hørte ikke børnene på gaden.
Og stemmen i de store, åbne huse
forsøgte uden held at vække mig,
forgæves løb den ind i mine ører,
forgæves slog dens bølger mod min hinde.
Ildkuglen svandt, gik ned bag mur og sten,
og som en flodseng lå den kolde gade.
Da mørket stod i stuen, sprang jeg op.
Alt var forandret! Jeg var blevet gammel
med tusindårig søvn i mine øjne.
Jeg tændte lampen. Lampen lyste gult.

Sleep

As I sank down in the green ocean of sleep,
the tree's black shadow glided across the pane,
and birds flew past with the day's grain
in their beaks. I didn't hear shots
or the ambulances shrieking –
I didn't hear the girl's tacit step,
I didn't hear the children in the street.
And the voice in the large open houses
tried fruitlessly to wake me,
entering my ears in vain,
its waves striking vainly against my membrane.
The fireball disappeared, went down behind wall and stone,
and like a river bed lay the cold street.
When darkness filled the room I sprang up.
Everything had changed! I was old
with a thousand years of sleep in my eyes.
I lit the lamp. It shone yellow.

Til en ukendt gud/
To an unknown god

1947

AT FULDENDE ER AT BEGRÆNSE

At fuldende er at begrænse,
at sætte de flyvende drømme i bur.

Digteren gruer for den afsluttende linie,
maleren hader det sidste penselstrøg,
tøvende fuldender komponisten sin symfoni.

Var det alt? Hvor er de store syner?
Verden bruser i mine ører,
men i mine digte synger kun en enkelt streng.

Vi står op om morgenen for at ride lejren rundt.
Ved aften, tænker vi, skal vore brødre
i de blafrende telte
få at vide hvor vi er.
Men solen går ned,
før vi slutter kredsen,
og næste morgen er landskabet forandret.

Hvor er nord, hvor er syd,
hvor kom vi fra,
hvor er vi i morgen?

De der sendte os ud
tænker ikke på os
og venter intet svar.

To complete is to limit

To complete is to limit,
to cage the flying dreams.

The poet dreads the final line,
the painter hates the last brushstroke,
with hesitation the composer completes the symphony.

Was that all? Where are the great visions?
The world is roaring in my ears,
but in my poems only a single string sounds.

We rise in the morning to ride around the camp.
In the evening, we think our brothers
in the flapping tents
shall learn our whereabouts.
But the sun goes down
before we finish the round,
and the next morning the landscape is changed.

Where is north, where is south
where did we come from
where will we be tomorrow?

The ones who sent us off
are not thinking of us
and await no answer.

Billeder billeder

Billeder, billeder
fra alle tider og alle lande strømmer de mig i møde
skyder op af jorden og forsvinder igen,
falder ned fra flyvemaskiner som sne.
I en telefonbox ligger tilfældigt et postkort fra Rom,
på den ensomme landevej
klæber blæsten en stump avis mod min mund,
og uden at vide det kysser jeg en pige i Amerika.

Å fotografier der bestandig danser for mine øjne,
å vældige skæbne,
umådelige liv –

Alle mennesker i verden råber efter mig:
Vi behøver dig, hjælp os, du ved jo hvem vi er,
du så vore lidelser, hørte vore skrig.

Ja jeg har set og hørt,
min viden er grænseløs,
min hukommelse svigter ikke.
Jeg ved, at i dette øjeblik står drenge
bøjet over skydevåben,
at sorte blir lynchet, at mænd i hvide kitler
eksperimenterer med dødsstråler
(vil de fremtvinge verdensfreden?)
Jeg ved, at epidemier er ved at bryde ud,
at grimme piger knytter hænderne mod himlen,
at mordere ligger på lur.

Men hvordan skal jeg slippe over grænsen,
hvordan kan min hilsen nå jer?
Mine ben vandrer på Købmagergade,
mine tanker er alle vegne.
Kan jeg sende dem ud,
som Noah sendte duen ud i verden?

Pictures pictures

Pictures, pictures
stream towards me from all eras and all countries,
shoot up from the earth and then disappear,
fall down from airplanes like snow.
A postcard from Rome happens to be lying in a telephone booth,
on the lonesome country road
the wind plasters a shred of newspaper against my mouth,
and unwittingly I kiss a girl in America.

O photographs constantly dancing before my eyes,
O great fate,
magnificent life –

Everyone in the world is shouting at me:
We need you, help us, you're the one who knows who we are,
you saw our suffering, heard our cries.

Yes, I have seen and heard,
my knowing is limitless,
my memory does not fail.
I know that in this moment boys are standing
bent over their guns,
that blacks are being lynched, that men in white lab coats
are experimenting with deadly radiation
(will that necessitate world peace?)
I know epidemics are breaking out,
that ugly girls are waving their fists at the sky,
that murderers are waiting in ambush.

But how shall I slip over the border,
how can my greeting reach you?
My legs are wandering down Købmagergade,
my thoughts are all over the place.
Can I send them out,
like Noah sent the dove out into the world?

Jeg længes ikke tilbage til foråret,
til menneskets barndom,
da skovene var mure,
da der intet fandtes hinsides bakkerne og fjorden.

Jeg lever mellem beton og maskiner,
jeg bor i de tusinde erfaringers land,
i visdommens og fornuftens hus.
Ingen kan flygte herfra.

Jeg vil råbe min længsel ud i verden:
Luk op! Lad mig ikke brænde inde med min kærlighed.
Jeg er træt af at blade i fotoalbummer
og illustrerede magasiner.
Jeg er træt af tankens og virkelighedens
evindelige skænderier,
træt af formernes tyranni og de bestandige gentagelser.

Togførere, fløjt afgangsignalet!
Kampdommer, råb Nu!

I am not longing back to the springtime,
to the early days of mankind,
when the forests were walls,
when nothing existed beyond the hills and the fjord.

I live between concrete and machines,
I live in the land of a thousand opportunities,
in the house of wisdom and sensibility.
Here no one can escape.

I will shout my longing out into the world:
Open up! Don't let my love go to waste.
I am tired of turning pages in photo albums
and illustrated magazines.
I am tired of reality's and thinking's
eternal quarrels,
tired of the tyranny of form and the continual perpetuations.

Train conductor, sound the departure horn!
Referee, shout Go!

Hver forbedring, hver lille skrue

Hver forbedring, hver lille skrue, hver lille hjul
gør maskinen mere værdifuld,
men også mere sårbar.
Der bygges korthus.
Jo højere man kommer op,
jo lettere får et tilfældigt vindpust
den skønne bygning til at styrte.
Verden er blevet en strålende skyskraber.
I det tyvende århundredes etage sidder vi
højt oppe over skyerne og de små bjerge.
Se ikke ned! Bliv ikke svimmel!
Jorden er underlig fjern,
et gammelt herregårdsminde,
en ond drøm.

Videnskabsmænd sidder med tilbageholdt åndedræt
og skriver græsk og tegner kurver
i vældige koordinatsystemer.
Statsmænd tænker sig skaldede og tandløse,
og du og jeg tør ikke danse, som vi gerne ville,
tør ikke skråle og synge og bokse,
tør ikke gå på hænder og slå kraftspring.
Vi må ikke forstyrre ligevægten,
ikke bringe tårnet til at vælte
ved unødig støj og voldsomme bevægelser.
Vi ser ud i den tomme luft og lytter til blæsten,
der piber i vinduer
og skramler i stålrør og skorsten.

Heroppe i den tynde luft, i de skinnende glassale
er sang og spil forbudt.
Mystikere og profeter,
digtere og malere,
troldmænd og musikanter

Every improvement, every little screw

Every improvement, every little screw, every little gear
makes the machine more valuable,
but also more vulnerable.
A house of cards is being built.
The higher it goes,
the easier a random breeze
will cause the beautiful building to collapse.
The world has become a gleaming skyscraper.
On the twentieth century's floor we sit
high up over the clouds and the small mountains.
Don't look down! Don't get dizzy!
The earth is strangely remote,
an old relic,
a bad dream.

Scientists sit holding their breath
writing Greek and drawing curves
in immense coordinate systems.
Statesmen think themselves to baldness and toothlessness,
and you and I don't dare dance like we want to,
don't dare yell and sing and spar,
don't dare walk on our hands or do cartwheels.
We must not disturb the balance,
not make the tower fall
by unnecessary noise and violent movements.
We look out into the empty air listening to the wind
that whistles in windows
and rattles in steel pipes and chimneys.

Up here in the thin air, in the shining glass halls,
song and games are forbidden.
Mystics and prophets,
poets and painters,
magicians and musicians,

blir pågrebet af uniformeret politi
og uden rettergang kastet ud af vinduerne.

Tilstedeværelsen af disse femte-kolonne-mænd
er farlig for skyskraber-samfundet.
De mistænkeliggør og spreder trods og modvilje.
Den øverste etage er fyrre meter i kvadrat.
Der er kun plads til folk,
der retter blikket opad.
Der er ikke rum
for drømmende ynglinge med sænkede øjenlåg
eller sangere der klimprer på guitar
og nynner om perler og rosenbuske.
Om natten stråler det violette lys
ud i verdensrummet.
Stjernerne sender blå signaler til hinanden.
Når stormen tager til,
gynger det vældige hus som et skib på bølgerne,
det knager i korridorer,
døre springer op –

Men de sovende vågner ikke.
Ingen hører når en møtrik løsner sig,
ingen mærker den kolde luft,
der strømmer ind
ad usynlige revner i muren.

are seized by uniformed police
and without due process thrown out the windows.

The presence of these fifth-columnist men
is dangerous to the skyscraper society.
They spread suspicion, opposition, and dissension.
The top floor is 400 square feet.
There is only room for people
who are looking upward.
There is no room
for dreaming youths with sunken eyelids
or singers strumming on guitars
humming about pearls and rosebushes.
At night the purple light shines
out into space.
The stars send blue signals to one another.
When the storm increases,
the enormous building sways like a ship on the waves,
the hallways creak,
doors burst open –

But the sleepers do not wake.
No one hears when a nut loosens,
no one feels the cold air
streaming in
through invisible cracks in the wall.

I DENNE VERDEN AF GLASSKÅR OG MURBROKKER

I denne verden af glasskår og murbrokker
er det os perverse og kronisk syge,
der alene har indfødsret.

"Sådan burde det være!
Sådan må det blive!"
stammer de sentimentale.
"Sådan er det,
og sådan bliver det!"
giver vi til svar,
og vi peger ikke på de sønderskudte huse,
men på de dræbte sjæle.

Vi har medlidenhed med de stakkels sunde,
der aldrig skal opdage,
at deres sundhed forråder dem.
Lad sangeren bræge om evig kærlighed,
lad præsten fra sin restaurerede prækestol
lyse trolde og kættere i band,
lad børnene lære salmevers og katekismus
af nidkære pindsvin,
lad de hundredårige få hormoner,
så de kan nå at opleve næste krig –

Alt dette er jo kun det tåbelige refræn
på sommerens sidste schlager,
den slæbende lyd af grammofonstiften,
når pladen kører sig træt.

Å venner, le ikke ad de troende,
når de kommer marcherende
med faner og hornmusik.
Le ikke ad kommisen,
der træder dansen med sin forlovede.

In this world of glass shards and rubble

In this world of glass shards and rubble
it is we perverse and chronically ill
who alone have citizenship.

"Here is how it ought to be!
We have to make it this way!"
stammer the sentimental.
"This is the way it is,
and this is how it has to stay!"
we answer,
and we don't point at the shot-up, wrecked houses,
but at the murdered souls.

We have compassion for the poor healthy ones,
who will never discover
that their health betrays them.
Let the singer bray about eternal love,
let the priest from his restored pulpit
drive out ogres and heretics,
let the children learn psalm verses and catechisms
from zealous hedgehogs,
let the centenarians receive hormones
so they can live to experience the next war –

All this of course is only the hopeless refrain
of the summer's last hit,
the dragging sound of the phonograph needle
when the record is worn out.

O friends, do not laugh at the believers,
when they come marching
with flags and fanfare.
Don't laugh at the clerk
who is dancing with his beloved.

Svar ikke igen,
når positivisterne skælder jer ud
og kalder jer forrædere og fejge hunde.
Smil til dem som man smiler til børn:
Ja det var ret!

Men vil nogen ødelægge
vort harmoniske ægteskab med verden,
den isblå verden,
smertens verden,
sultens og armodens verden,
så slå dem i gulvet,
smid dem ud,
som en vært kaster uforskammede gæster
på porten.

Vi frabeder os alle traktater og pjecer
såvel fra frelsens hær
som fra konservative vælgerforeninger.

Vi modtager ikke kulørte postkort
uddelt af solbrændte revolutionære
og rødkindede trompetblæsere,
der kommer agende bagefter virkeligheden
viftende med imperfektum-løsninger
på futurum-problemer.

Hvem gider konsultere alle disse
kvaksalvere,
der udsteder recepten,
før de har stillet diagnosen –

– Men I der hører hjemme i verden af i dag
med hud og hår,
med krop og sjæl,

Don't answer
when the positivists yell at you
and call you traitors and dirty dogs.
Smile at them like you smile at children:
Yes, that's right!

But if someone will destroy
our harmonious marriage with the earth,
the ice-blue world,
the world of pain,
the world of hunger and poverty,
then knock them to the floor,
throw them out,
like a host tosses shameless guests
out the gate.

We renounce all tracts and treatises
from the Salvation Army as well as
from conservative party groups.

We won't take colored postcards
disseminated by sun-burned revolutionaries
and red-cheeked trumpeters
haltingly following reality
waving imperfectus solutions
to futurum problems.

Who can be bothered to consult all these
quacks
writing receipts
before they have made a diagnosis –

But you who feel at home in the world of today
head to toe
body and soul

pris jeres genstridige kroppe
og snurrende tvivlerhjerner,
for var I ikke skæve,
kunne I ikke erkende,
og var I ikke fornægtere,
kunne I ikke sige ja
til den virkelighed
der overgår al forstand.

be glad for your contrary bodies
and whirling doubting brains,
because if you weren't skewed
you wouldn't be able to acknowledge,
and if you weren't doubters
you wouldn't be able to say yes
to the reality
which is beyond understanding.

Verden er et galehus

Verden er et galehus
myldrende fuldt af neurotikere.
Vore sjæle er spændt til bristepunktet,
vi er hængt op mellem det grønne håb
og den sorte fortvivlelse.
I den tomme luft dingler vi og spræller
og gisper efter vejret som fisk,
der er trukket op af det store moderhav.

Om morgenen vækkes vi
af avisens bump i entreen.
Vi trækker vejret dybt,
lukker øjnene et sekund
og strækker så armen ud
for at modtage indsprøjtningen.
"Hvor må jeg stikke?" spørger lægen.
I armen, låret, ryggen, eller nakken –
Alle steder er huden øm og rødprikket.
"Stik hvor De vil!
Det gør lige ondt overalt."
O besynderlige liv! O skyggespil!
O himmelsk kirurg, der morer sig
over forsøgsdyrenes fredelige spisen og drikken.

Langsomt stiger vandet.
Menneskenes erindring er kort, de har glemt
den gamle tørskoede tilværelse
og finder det naturligt
at soppe og blive forkølet.
Gas lukkes ind –
Lungerne vænner sig til den sindige forandring,
slimhinderne er tålmodige.
"Her er rart og lunt," siger manden i lænestolen.
"Vi bor i et moderne hus," tilføjer konen
og åbner for radioen.

The world is a madhouse

The world is a madhouse
crawling with neurotics.
Our souls are stretched to bursting,
we're strung up between green hope
and black despair.
In the empty air we dangle and kick,
gasping for air like fish
pulled out of the great mother-sea.

In the morning we are awoken
by the newspaper's bump in the entry.
We take a deep breath,
close our eyes a second
and reach out our arm
to receive the injection.
"Where shall I stick it in?" asks the doctor.
My arm, my thigh, my back, or my neck –
Everywhere the skin is tender and blotchy.
"Stick it wherever you want!
It hurts the same everywhere."
O curious life! O shadow play!
O heavenly surgeon, who is amused
by the test animal's peaceful eating and drinking.

The water is slowly rising.
Mankind's memory is short, they have forgotten
the old dry-shod existence
and find it normal
to slosh and catch colds.
Gas is let in –
Lungs get used to the gradual change,
mucous membranes are patient.
"It's nice and warm here," says the man in the easy chair.
"We live in a modern building," adds his wife
turning on the radio.

O buskmænd! O menneskeædere!
slap I godt fra springet
fra stenalderen over i biografalderen?
O atomforskere! O radiumspecialister!
hvad hedder jeres verden? hvor bor I?
Er I langt ud i familie
med frk. Jensen og mig?
O filmskuespillerinder!
I er så veltilfredse og sunde.
Er jeres dejlige legemer immune mod sygdommen?
Smiler I også i enrum?
O konger og præsidenter!
Fører I eller lade I jer føre?

Klæderne har taget magten fra menneskene.
Vore fine huse nægter at rumme os,
vore biler og luksustog vil ikke køre,
murene spotter os
og spiller bold med vore råb og skrig.
Man træder ind i sit kontor
ikke som en herre, men som en slave.
Børnene der sendes i skole
er benzinen der får den vældige motor
til at arbejde.

Jo dybere vi fornedres, jo højere råber vi op
om vor storhed og stolte skæbne.

Vi snakker lystigt i telefonen
og aftaler møder og sammenkomster,
mens hånden på trækpapiret
tegner duer og gravsten.

O bushmen! O cannibals!
did you escape the jump
from the stone age to the age of movies?
O atomic researchers! O radium specialists!
what is your world called? where do you live?
Are you distant relatives
to Miss Jensen and me?
O movie actresses!
You are so happy and healthy.
Are your beautiful bodies immune to illness?
Do you also smile when you're alone?
O kings and presidents!
Do you lead, or do let yourselves be led?

Clothes have stripped power from the people.
Our fine houses refuse to contain us,
our cars and luxury trains will not drive,
the walls ridicule us,
play ball with our shouts and cries.
You walk into your office
not as a man, but as a slave.
The children sent to school
are the gasoline that gets the great motor
running.

The farther down we go, the louder we yell
about our greatness and proud destiny.

We chat merrily on the phone
arranging meetings and get-togethers,
while our hand on the blotting paper
draws doves and tombstones.

Engang var teknikken vor lydige lille hund i snor.
Artigt trippede den ved vor side, altid velopdragen.
Nu er den en brølende løve, der slæber os med sig.

Mens vi styrter afsted
og prøver at holdet trit,
tænker vi: Skal vi slippe dette prægtige dyr,
som udmatter os og piner luften ud af lungerne?

Hvem tør i dag lægge planer for fremtiden?
Hvem har lyst til at gifte sig
og anlægge meninger for livet?
Hvem gider skrive føjletoner
eller male kolossal-portrætter af øvrigheden?

Ikke du og jeg, kammerat.
Vi herlige masochister
kender kun én beskæftigelse:
At piske os og skrige så højt om dommedag,
at den, når den endelig kommer,
skal føles som en befrielse,
en vellyst,
en kæmpestor orgasme.

Once technology was our obedient dog on a leash.
It traipsed faithfully alongside, always well-behaved.
Now it is a roaring lion, dragging us with it.

While we rush off
trying to keep up,
we think: Should we let go of this magnificent creature,
exhausting us and draining the air from our lungs?

Who dares make plans for the future?
Who wants to get married
and lay out a meaning for one's life?
Who can be bothered to write serials
or paint colossal portraits of the authorities?

Not you nor I, comrade.
We great masochists
only know one occupation:
To whip ourselves and yell so loud about judgment day,
that when it finally comes,
it will feel like a liberation,
a joy,
a great orgasm.

Blomsten og Sværdet/
The flower and the sword

1949

CREDO

Med en rystende klode som underlag
For et snavset stykke avispapir
Skriver jeg tværs over telegrammer
Fra Lucifers faste borg
Og tværs over sorte portrætter
Af alle hans stolte drabanter
Disse glemte ord: Jeg tror.

Jeg tror at fødselstimen er inde,
At alle de vilde råb er veer.
Jeg tror at mørket er omspændt af lys
Som endnu tøver bag nattens rand.
Jeg husker titusind år tilbage
På min erindrings hærvej vandrer
Mænd med kanoner, mænd med spyd;
De synger på hver sit modersmål
Den samme sang. De styrter omkuld.
Men ingen bøjer sig for at hjælpe,
Ingen vender sig for at se.
De vandrer fremad, i takt i takt,
Blinde som orme, døve som sten.
De hugger med økse, de udspyr ild,
De falder som strå under bondens le.

Med det de skal dræbe vil ikke dø;
Og den de skal hævne får aldrig hævn.

CREDO

With a trembling planet as a surface
Underneath a grimy piece of newspaper
I write across telegrams
From Lucifer's solid castle
And across black portraits
Of all his proud henchmen
These forgotten words: I believe.

I believe the hour of birth is upon us,
That all the wild shouts are contractions.
I believe the dark is enveloped by light
Still hesitating at the edge of night.
I remember ten thousand years ago
On the army road of my memory wander
Men with cannons, men with spears,
Each singing in his mother tongue
The same song. They fall.
But no one bends to help,
No one turns around to look.
They wander on, in step, in step,
Blind as worms, deaf as stones.
They strike with axes, they belch fire,
They fall like straw at the farmer's scythe.

But what they have to kill will not die;
And the one they seek to avenge will never be avenged.

* * *

De vise mænd er faret vild.
Tegn og undere lyver fromt.
Tanken vender sig svimmel om
Og ser overalt en åben grav.
Mindet flyver og finder sig selv
Under en nøgen ørkensol.
Troen der før var klippegrund
Forandrer sig, forvandler sig,
Bølger står ind fra det åbne hav
Og knuser den døde granit til skum.
Men op af de regnbuefarvede slør
Stiger en stjerne, en nyfødt ild.

Pludselig elsker vi dette liv
Og ser ingen dårende spøgelser mer.
Troen der før var klippegrund
Er blevet en stjerne. Menneske, se
Din verden er levende virkelighed,
Dyrebar, krævende virkelighed,
Og den der elsker forandrer alt.
Og den der elsker har evigt liv.

Stiger en stjerne, en nyfødt ild,
En ny tid –

* * *

Med en rystende klode som underlag
For et snavset stykke avispapir
Skriver jeg tværs over telegrammer
Fra Lucifers faste borg
Og tværs over sorte portrætter
Af alle hans stolte drabanter
Disse glemte ord: Jeg tror.

* * *

The wise men are lost.
Signs and wonders deceive solemnly.
The thought turns dizzily around
And sees an endless open grave.
The memory flies away and finds itself
Under a naked desert sun.
The belief that once was an abyss
Changes, transforms,
Waves approach from the open sea
Crushing the dead granite to foam.
But from the rainbow-colored veil
Rises a star, a newborn fire.

Suddenly we love this life
And see no more deceiving ghosts.
The belief that was an abyss
Is now a star. Human, look
Your world is living reality,
Dear, demanding reality,
And he who loves transforms everything.
And he who loves has eternal life.

Rises a star, a newborn fire,
A new era–

* * *

With a trembling planet as a surface
Underneath a grimy piece of newspaper
I write across telegrams
From Lucifer's solid castle
And across black portraits
Of all his proud henchmen
These forgotten words: I believe.

Min kærlighed

Inden mit brev når frem til dig
(Hvis det når frem –)
Er blækket falmet og ordene visne
Og min kærlighed hjemløs i en verden
Som ikke ved at jeg lever.

Derfor, du fjerne, når natten bryder ud
Og himmelrummet fyldes af forfærdelige lyde
Vil jeg slynge mine gnister
Så højt at du kan se
At jeg lever, at jeg længes,
At min tro er stærk som døden.

Du skal vide det er mig
Der synger i dit øre
Når de modne stjerner falder
Fra usynlige grene.
Det er mig der roligt venter
I det grænseløse mørke
Hvor alle stemmer tier
Og ingen mer er ene.

My love

By the time my letter reaches you
(If it reaches –)
The ink is faded and the words withered
And my love homeless in a world
That doesn't know I'm alive.

Therefore, distant one, when the night emerges
And the heavens are filled with terrible sounds
I will sling my sparks
So high that you can see
I'm alive, that I am yearning,
That my bond is strong as death.

You will know it is me
Singing in your ear
When the ripe stars fall
From invisible branches.
It is me patiently waiting
In the boundless darkness
Where all voices are silenced
And no one is alone.

Sagn

Bjerge slotte tårne
Lysende som guld og rav
Gyldne spir mod aftenhimlen
Dybt i søvnens mørke skove
Gamle kvinder
Samler kvas til arnens ild
Jægeren med trætte hunde
Vandrer hjemad; eremitten
Drikker af den klare kilde
Stille stille
Alle duer, alle drosler
Dybt i søvnens mørke skove
Stille stille

      Hør! et råb
Lyd af hove i det fjerne
Knækkende grene, bragende træer –
De kommer, de kommer
De fire store højt til hest
Hunger, Sværd, Svovl og Pest!

–Gem jer bag træerne, smågutter flinke,
Nej, ikke bag træerne; skynd jer, følg med
Til søen, til søen!

      Men båden er læk!
Så skynd jer, smågutter, driv rævene ud,
Driv grævlingen ud og gem jer i jorden!
– Vi kan ikke være i dyrenes huler …
De kommer, de kommer
De fire store højt til hest
Hunger, Sværd, Svovl og Pest!

SAGA

Mountains castles towers
Gleaming like gold and amber
Golden spires against the evening sky
Deep in sleep's dark forests
Old women
Gather twigs for the hearth's fire
The hunter with tired hounds
Wanders home; the hermit
Drinks from the clear spring
Quiet quiet
All doves, all thrushes
Deep in sleep's dark forest
Quiet quiet

    Listen! a shout
Sound of hooves in the distance
Branches breaking, trees crashing –
They're coming, they're coming
The four giants on horseback
Hunger, Sword, Brimstone, and Plague!

– Hide behind the trees, gentle squires,
No not behind the trees; hurry, follow
To the lake, to the lake!

    But the boat is leaky!
– Then hurry young squires, drive out the foxes,
Drive out the wolverines and hide in the earth!
– We can't fit in the creatures' burrows…
They're coming, they're coming
The four giants on horseback
Hunger, Sword, Brimstone, and Plague!

– Så må vi til fjælds!
– Men hvor er der sti?
Vi kan ikke klatre, vi kan ikke springe
De kommer, de kommer
Vi kan ikke dykke, vi kan ikke flyve
De kommer, de kommer
Vi kan ikke – kommer de – kan ikke
Kommer de kommer de kommer …

– Then let's take to the hills!
– But where is a path?
We can't climb, we can't jump
They're coming, they're coming
We can't dive, we can't fly
They're coming, they're coming
We can't – they're coming – can't
Coming they're coming they're coming…

Blomsten og sværdet

Gå ind i skoven? Nej jeg tør ikke gå
Hvor drømmens grønne kobbertræer gror.
Lyt til fuglene! Nej jeg tør ikke tro
Så rene toner. Skønhed gør mig gal,
Og vellyd ringer grusomt i mit øre.

Hvad vil jeg i et skyggefuldt bedrag
Hvor solen sliber sine blanke løgne
Og blomsten dårligt skjuler sin foragt?

Farvel valdhorn, bukkar og kildevand.
Farvel vor lille frokost i det grønne.

Fra marken høres råb og våbenbrag.
Ud ud hvor alt er nøgen dag.
Hvor sværd lyner, spyd fletter
Himlens tag,
Hvor faner brænder, trommer kalder
Fugl af reden.

Ud hvor sejrens morgenrøde flygter
Og nederlagets sorte majestæt
Står fast.

THE FLOWER AND THE SWORD

Into the woods? No I don't dare go
Where the dream's green coppertrees grow.
Listen to the birds! No I don't dare believe
Such pure sounds. Beauty maddens me,
And harmony rings harshly in my ear.

What place have I in a shadowy deceit
Where the sun hones its polished lies
And the flower poorly hides its contempt?

Goodbye French horn, woodruff, and water spring.
Goodbye our little picnic.

From the field we hear shouts and weapons clash.
Out out where everything is naked day.
Where the sword gleams, spear weaves
The roof of the sky,
Where the banners burn, drums call
Bird from the nest.

Out where victory's morningblush flees
And defeat's black majesty
Stands fast.

BARTHOLOMÆUSNAT

"Mens jeg skriver dette, dræber de dem alle –"

Ud fra åbne vinduer styrter
Mænd i blodige skjorter, nøgne
Kvinder med brændende hår.
Hænder peger mod kridt-kors,
Porte slås op, og trapperne
Runger af tunge støvler. Månen
Spiller på flodens tangenter;
De døde rykker sammen, fletter
Arme og ben i fiskemønstre,
Skønne for den der sidder i sit tårn
Og nyder nattens grumme skuespil
Og ikke har en broder blandt de mænd
Der segner under stålet eller ser
Gaden dingle under sine fødder
Og ikke har en søster i den dynge
Levende kød som bødlen antænder.

Midt på torvet ligger forladt et barn,
Pibende som en mus, et lille frø,
Faldet på sten. Den unge moders skrig
Kan ikke lamme hårde nævers greb,
Kan ikke standse hesteben og hjul
Der ruller frem –
Og solen tøver bag de grønne høje,
Bag sorte møllevingers kors,
Bag spir og fæstningsmur.

Men fjernt, fra byer i et fremmed land
Strømmer lyd af glade kirkeklokker.
Hænder foldes til bøn; og stive knæ
Bøjer mod jorden, mod den rene jord.

BARTHOLOMEW'S NIGHT

"While I write this, they are killing them all –"

Through the open windows fall
Men in bloody shirts, naked
Women with hair afire.
Hands point at a chalk-cross,
Gates are opened, and the stairs
Echo with heavy boots. The moon
Is playing the river's keys;
The dead huddle together, braid
Arms and legs in fish patterns,
Beautiful to one sitting in his tower
Enjoying the terrible night theater
And without a brother among those men
Collapsing under the steel or seeing
The street reel beneath their feet
And without a sister in that pile of
Living flesh ignited by the executioner.

In the middle of the square lies an abandoned child,
Whining like a mouse, a little frog,
Fallen on the stones. The young mother's cries
Cannot freeze the grip of hard fists,
Cannot stop the horselegs and wheels
That roll on –
And the sun hesitates behind the green hills,
Behind black crosses of windmills,
Behind spires and ramparts.

But in the distance, from cities in a foreign land
Stream sounds of happy church bells.
Hands fold for prayer; and stiff knees
Bend towards the ground, towards the clean soil.

Hjertesuk

Så vær dog stille, blot for en lille stund,
I talende mænd der bærer verdens skyld
På alt for svage skuldre. Ti og lyt
Til jeres bronze-ord der klager, klager
I sportspaladser, rigsdagssale, operaer.
Stands og betænk: Hvad er det hele værd?
Hvad er jeres pigtrådsfremtid værd?
Hvad nytter den skudsikre vest
Når døden kommer fra hjertet?

Deep sigh

Can you be quiet, just a little while,
You men speaking who bear the world's guilt
On all too weak shoulders. Hush and listen
To your bronze-words that complain, complain
In sports-palaces, parliamentary halls, operas.
Stop and ponder: What is it all worth?
What is your barbed-wire future worth?
What use is that bulletproof vest
When death comes from the heart?

Maskebal

Prinsesse Vellyst danser med Simon Stylites, azurens ukronede konge, storkenes fader. Hun i fiskenet og udslået hår; han i sandaler og flasketrøje.

Med ring i næsen og huder om maven svinger Caliban den små Beatrice, mens Augustin sender ømme blikke til en mindreårig blondine (Solimans datter).

Skrigende som søfugle forfølger en sværm vestalinder to brune gartnere fra Montezumas vingård. Ivan Vasilievitsj kurtiserer Jeanne d'Arc og befaler orkestret at anslå marchtoner til ære for Lancelot og Madame Pompadour, der kommer ridende ind i salen på sorte araberhingste.

Men Filip er intetsteds at finde, hverken i parken eller i de lyserøde saloner.

Brutus forsvandt ad en hemmelig dør, og Guy Fawkes rumsterer i kælderen.

Masquerade Ball

Princess Pleasure dances with Simon Stylites, the Azure's uncrowned king, the father of the stork. She in fishnet with flowing hair; he in sandals and doublet.

With a ring in his nose and his belly wrapped in skins, Caliban swings little Beatrice, while Augustine sends tender glances toward an underage blonde (Suleiman's daughter).

Screaming like seabirds, a swarm of vestal virgins chase two brown gardeners from Montezuma's vineyard. Ivan Vasilievich courts Joan of Arc and commands the orchestra to strike up a march in honor of Lancelot and Madame Pompadour, who come riding into the hall on black arabian horses.

But Philip is nowhere to be found, neither in the gardens nor in the pink salons.

Brutus disappeared through a secret door, and Guy Fawkes is rummaging in the cellar.

HELVEDSLARM

I drønet af fire naboers radioer
Basker min tanke mod stuens gitter.

Bort bort fra dette marked, bort herfra!
Der må vel findes et sted i verden
hvor stilheden sidder med sænket hoved
Og stjernerne ikke er politimænds øjne
Og angstens hornorkestre tier.

En ensom hytte i bjergene
Eller blot en trappe som ingen bruger.

Der må vel findes et sted i verden
Hvor mennesker ikke myrder hinanden med tunger af ild –

Hvor du og jeg
Blander vort løv og stumt betragter
Skyernes kapløb med markens skygger,
Svalernes flugt i det sene solskin.

Der må vel findes et sted
Hvor vi kan gro og glemme os selv
For verden.
        Og glemme verden
                for os selv.

Infernal noise

In the roar of four neighbors' radios
My thinking flails against the cage of the room.

Away away from this market, out of here!
There must be somewhere in the world
Where tranquility sits with bowed head
And the stars are not eyes of policemen
And the horn orchestra of anxiety is silent.

A solitary hut in the mountains
Or just a stairway no one uses.

There must be someplace in the world
Where people don't murder each other with tongues of fire –

Where you and I
Mix our foliage and mutely observe
The clouds' race with the fields' shadows,
The swallows flight in the late sunshine.

There must be a place
Where we can grow and forget ourselves
In the presence of the world
        And forget the world
                in the presence of ourselves.

Urolig nat

Pludselig springer altandøren op,
Ind strømmer blæsten
	med verdensnattens lyde:
Motorstøj fra de yderste stjerner,
Råb under græsset, hviskende stemmer,
Fløjtesignaler hele jorden rundt.

Lyset skifter fra hvidt til gult.
Hvad skjuler natten bag min ryg,
Bag gardinets levende skulpturer?
Hvem gemmer sig, står på spring
Med et vådt håndklæde og et rustent barberblad?
Jeg må sidde ganske stille,
At ingen overrumpler mig.
Jeg må fordele skyggerne,
Flette trådene,
Roligt, roligt –

En ny blæst jager den gamle blæst ud.
En ny blæst smækker altandøren i.
Lyset skifter fra gult til rødt.

Jeg må sidde ganske stille,
Åben mod hver pludselig lyd.
Jeg vil ikke stikkes ned bagfra.
Jeg vil ikke kvæles af usynlige hænder.
Jeg vil ikke dø som en rotte.

Lyset svinder; solen vækker mig til live.
Himlen rækker mig et smukt visitkort.
Dagen rasler med mælkeflasker.

Uneasy night

Suddenly the patio door springs open,
The wind streams in
      with sounds of the night-world:
Motorhum from the farthest stars,
Shouts under the grass, whispering voices,
Whistle signals around the whole world.

The light shifts from white to yellow.
What is the night concealing behind my back,
Behind the curtain's living scultpure?
Who is hiding, waiting to jump out
With a wet towel and a rusty razor blade?
I'd better sit completely still
So no one attacks me.
I'd better discern the shadows,
Gather loose ends,
Easy, easy –

A new breeze chases out the old one.
A new breeze slams the patio door.
The light shifts from yellow to red.

I'd better sit completely still,
Open to each sudden sound.
I don't want to get stabbed in the back.
I don't want to be strangled by invisible hands.
I don't want to die like a rat.

The light fades; the sun awakens me to life.
The sky hands me a beautiful business card.
The day rattles with milk bottles.

– Jeg vil ikke stikkes ned bagfra.
Vanvid, drømmer du om natten?
– Jeg vil ikke kvæles.
Hvem tænker på at kvæle
Hvem tænker på at –

Se, en sommerfugl i din stue.

– I don't want to get stabbed in the back.
Madness, do you dream at night?
– I don't want to be strangled.
Who is thinking of strangling
Who is thinking of –

Look, a butterfly in your living room.

MIT HJERTE RÅBER

Mit hjerte råber i frossen jord:
Fugle, hvor fløj I hen?
Måne, kom ud af din sky.
Blæst over støvede marker,
Regn på den glødende sten.
Jeg hører de brøler i natten,
De vilde dyr –
Jeg mærker stjernerne prikke
På bjergryggen over min seng.
Jeg havde engang en fløjte,
Jeg vidste at bruge en kniv;
Mit navn har jeg ridset
I bjælker og sten,
Hvor ingen anden hånd kunne nå.
Min sang har jeg sunget
I perlemorsnætter
Og hørt den som ekko
I havfruens mund –
    Ekko – en sang – min sang!
Slip mig, kvælerhænder!
Blyport, luk mig ud!
Grib mig, sorte blæst,
Før mig bort fra mig selv!
jeg er vimpel, jeg er bjælde,
Jeg må danse eller dø.

My heart cries out

My heart cries out in frozen ground
Birds, where are you flying to?
Moon, come out of your cloud.
Wind over dusty fields,
Rain on the glowing stone.
I hear them roaring in the night,
The wild animals –
I notice the stars pricking
The mountain ridge over my bed.
Once I had a flute,
I knew how to use a knife;
My name I have carved
In beams and stones,
Where no other hand could reach.
My song I have sung
In mother-of-pearl nights
And heard it like an echo
In the mermaid's mouth –
   Echo – a song – my song!
Let me go, strangling hands!
Leaden gate, let me out!
Take me, black wind,
Lead me away from myself!
I am a banner, I am a bell,
I have to dance or die.

Brændpunkt/ Hotspot

1953

Mod lyset

Sommernat, Frennevænget 1
– Endelig holdt de mund, mine gale gæster,
Menneskene med deres kulørte lamper og rædsomme lyde,
Disse efterkommere som jeg har på kost ...
Å gid solen sad fast under havet!
Men den er allerede på vej bag stenhusene,
Hvor alle sover undtagen én:
Den sære observatør på første sal –
Jo, jeg ser dig godt, poet, din gule blyant,
Dine skrifttegn, dine komiske forsøg
På at udforske
Skyernes metamorfoser, engens alkymi –
Gå væk, tilskuer! Gå i seng!
Tro ikke du er mig mindre fremmed,
Fordi du sidder oppe og kaster øjne på mig.

    Det bruser i natten fra et fjernt wc.
Trip trap,
Og stilheden knirker i ægtesenge.

Jeg skubber stolen tilbage, fejer bordet rent.
Ned med hele naturlyrikken!
Flyveblade, flammende appeller:
Hold ud, kammarater, hold ud!
Et strålende håb er på vej.
Strofer.
Modstrofer:
En flygtning kommer til de sovendes land:
Tål og lid. Jeg kan ikke mer!
Jeg er såret og ligeglad med mine sår,
Fortvivlet og ligeglad med min fortvivlelse.
Helte, siger de – helte er vil alle!
Selv de stolte riddere uden frygt og dadel
Bliver til på samlebånd ude i Sydhavnen,

Towards the light

Summer night, 1 Frenne Drive
– Finally they stopped talking, my crazy guests,
The people with their colored lamps and horrible sounds,
These descendents I have lodging …
Oh I wish the sun got stuck beneath the ocean!
But it is already on its way behind the stone houses,
Where everyone is sleeping but one:
The unusual observer on the second floor –
Yes, I can see you, poet, your yellow pencil,
Your characters, your comic attempts
To research
The metamorphoses of the clouds, the alchemy of the angels –
Go away spectator! Go to bed!
Don't believe you are less a stranger to me
Because you sit up casting your eyes on me.

   From a distant bathroom, water rushing in the night.
Clip clop,
And the silence creaks in marriage beds.

I push the chair in, brush off the table.
Down with all nature poetry!
Leaflets, incendiary appeals:
Hang in there, friends, hang in there!
A radiant hope is on the way.
Stanzas.
Alternate stanzas:
A refugee comes to the land of the sleeping:
Bear it and suffer. I'm done!
I am wounded and indifferent to my wounds,
Despairing and indifferent to my despair.
Heroes, they say – we are all heroes!
Even the proud knights without fear or censure
Are created on conveyor belts out in South Harbor,

Og Herrens Venner modtar hemmelige tilskud
Fra Satans forenede jernstøberier.

   Det bruser i natten fra en grå flyveplads.
Dagens overskrifter blir sat.

– Gå i seng, slikpot, gå i seng!
Lad mine fugle synge
Uberørt af dine lange øjne.
Mine skove, mine søer, mine bakker –
Se ikke på dem, når de vågner.
De kunne vække sædelighedsforbryderen i dig.

   En ny dag gryr. Naturen gaber.
Blod og brunst i de evige cirkler.
Ræven snuser, høgen letter fra sin rede.
og vækkeuret kalder menneskene til live –
Fra favntag og varme
Fra lange kolde smerter
Rejser de sig –
En ny dag, en ny frist.
Se hvor de vandrer med bøjede nakker
I et større landskab end øjet kan rumme.
Helte er de alle, martyrer
For et liv de ikke kender,
For en drøm der aldrig dør.

And God's Friends receive secret bonuses
From Satan's united iron foundries.

   There are roars in the night from a gray airstrip.
The day's headlines are set.

– Go to bed, sweet-tooth, go to bed!
Let my birds sing
Untouched by your long eyes.
My forests, my lakes, my hills –
Don't look at them when they wake.
They could awaken the sex offender in you.

   A new day dawns. Nature yawns.
Blood and lust in the eternal circles.
The fox sniffs, the hawk alights from its nest.
And the alarm clock calls the people to life –
From embrace and warmth
From long cold pains
They arise –
A new day, a new temptation.
See how they wander with bent necks
In a greater landscape than the eye can survey.
Heroes all, martyrs
For a life they do not know,
For a dream that never dies.

Minotauros/
Minotaur

1955

SCHACK STAFFELDT

Du tænder lys i alle vinduer
For ikke at se de grinende rovdyr.
Men nattens døtre kalder dig ud, lokker med
        guldæbler og skamløse orkideer.
Din skygge vokser fantastisk, strejfer
Mælkevejen, svinger henover månens torso.
        Pludselig
Spiller et orgel i susende løvtræer.
Du lytter ind mod dit nøgne hjerte
Og hører ekko fra mindets bjerghuler.

Stjernerne ler med lykkelige øjne.
En af dem er dig. Men hvilken?

Feber i blodet. Hjemve. – Kunne du blot
Slippe din dødvægt! rykke tanken op med rode!

Roligt vugger i det fjerne
Et objektivt fastland. – Turde du blot
Springe ud fra din fordømte vulkanø!

Dit bryst er tungt af lava.

Ingen forløsning, ingen flugt.
Du presses hårdt mellem himmel og jord,
Stønner under vægten af tusind atmosfærer.

Lysene blafrer bag de våde ruder.
Du har ingen tårer, ingen virkelighed.
Drømmen er dit eneste element.

Schack Staffeldt

You light candles in every window
So you won't see the grinning carnivores.
But the daughters of the night call you outside, tempting
        with golden apples and shameless orchids.
Your shadow grows fantastic, brushes
The Milky Way, swings across the torso of the moon.
                Suddenly
An organ is playing in the whooshing leafy trees.
You listen to your naked heart
And hear an echo from memory's mountain caves.

The stars laugh with happy eyes.
One of them is you. But which?

Fever in your blood. Homesickness. – If you could just
Let go of your dead weight? pull the thought out at the root!

Calmly rocking in the distance –
An objective terra firma. – If only you dared to
Jump off of your damned volcanic island!

Your chest is heavy with lava.

No redemption, no escape.
You are pressed firmly between heaven and earth,
Panting beneath the weight of a thousand atmospheres.

The candles flicker behind the damp panes.
You have no tears, no reality.
Dreams are your only element.

Men du er vågen og klar.
Uden kikkert
            finder du dig selv:
En slukket planet i et hav af ild.

Schack von Staffeldt (1769-1826) dansk romantisk digter

But you are awake and ready.
Without binoculars
                you find yourself:
An extinguished planet in an ocean of fire.

Schack von Staffeldt (1769-1826) Danish romantic poet

Morgen og aften

Se bølgernes bro som klippet ud af sølvpapir
Se skyerne parrer sig i fuldkommen frihed
En lyst at leve, strække sig fra nord til syd
I skabningens time mens dagen endnu er blå
Dykke i oceaner, genkende jordens puls
I rytmen i ens blod
                Og siden stige i land
Og sove arm i arm i det glødende sand
Under himlens solsejl.

*

Svaler stryger henover træernes dønninger
Danser ballet i den gule himmel.
Mod øst, bag landevejens syngende bånd:
Natten; et lukket bjerg med gotiske vinduer.

Regn falder på tunge blade.
Min tanke blomstrer; små hårdføre billeder:
Troens nature morte, håbets clair obscur,
Kærlighedens selvportræt i sort og hvidt.

Morning and evening

See the waves' bridge like a cut-out of aluminum foil
See the clouds having intercourse in complete freedom
A pleasure to live, to stretch north to south
In the hour of creation while the day is still blue
Dive in oceans, recognize the earth's pulse
In the rhythm of one's blood
                                        And then go ashore
And sleep arm in arm in the glowing sand
Under the sun-sail of the sky.

*

Swallows sweep across the swell of trees
Dance ballet in the yellow sky.
Towards east, behind the highway's singing strip:
The night; a closed mountain with gothic windows.

Rain is falling on heavy leaves.
My thoughts flower; small hardy pictures:
Belief's nature morte, hope's clair obscur,
Love's self-portrait in black and white.

UVEJR

El Greco: Toledo

Byen stormer himlen. Himlen eksploderer.
Helgener og isbjerge svæver ud i natten.

Træer og græs kalder mennesket tilbage.
Forgæves. Bag disse klipper lever kun døde.

Floden vender om og forbander sit udspring.
Klokketårne styrter uden en lyd.

Men en latter risler som stenskred.
Evigt mørke. Nu er Gud mæt.

Bad weather

El Greco: Toledo

The city storms the sky. The sky explodes.
Heroes and icebergs float out in the night.

Trees and grass call people back.
In vain. Behind these cliffs only the dead are alive.

The river turns around and curses its source.
Clocktowers fall without a sound.

But a laugh babbles like an avalanche.
Eternal darkness. Now God is full.

Signalement

Skriver babyloniske blankvers.
Taler sjællandsk om natten i søvne.

Løfter sin stemme i menighedskoret.
Synger rørt om den syngendes isolation.

Nægter at smile til pressefotografen.
Bader henrykt i stjernernes blitz-lys.

Deltager i intelligente debatter
med sit grønne hjerte som eneste argument.

Description

Writes Babylonian blank verse.
Speaks Sjællandic at night in his sleep.

Raises his voice in the congregation chorus.
Moved, sings about the solitude of the singer.

Refuses to smile at the press photographer.
Bathes delightedly in the flash of the stars.

Participates in intelligent debates
With his green heart as sole argument.

Drømmen

Til Charlie Chaplin

Et sted i junglen står en rød plyssofa.
Der ligger min elskede og venter på mig.
Ja, jeg kommer – er på vej!
Men denne flod af kødkonserves, bibler og bildæk!
Og sjakalerne i gabardine!
Og de uniformerede aber og papegøjernes kulturskrig!
I dag er jeg ikke kommet langt,
Hang fem timer i et træ,
Mens de rette meninger halsede forbi
          på jagt efter en undvegen tanke.
Det blev nat før jeg vovede mig ned,
Gravalvorligt mørke. Jeg holdt balancen.
Træstammen lo ... Jeg sprang for livet.
Ja, jeg kommer!
Men for sent?
Elskede!
Et sted i junglen står en rød plyssofa.
Der ligger hun ... i projektørlys!
Og tjener en million på at offentliggøre sin krop.

The Dream

To Charlie Chaplin

Somewhere in the jungle stands a red velvet sofa.
My lover lies there waiting for me.
Yes, I'm coming – I'm on my way!
But this river of canned meat, bibles, and car tires!
And jackals in gabardine!
And the uniformed monkeys and parrots' culture screams!
I didn't get far today,
Hung in a tree for five hours,
While the right opinions raced past
                hunting for a runaway thought.
It was night before I dared go down,
Darkness serious as a tomb. I kept my balance.
The tree trunk laughed… I jumped for my life.
Yes, I'm coming!
But too late?
My love!
Somewhere in the jungle stands a red velvet sofa.
There she lies … in the projector light!
Making a million by exposing her body.

Albrecht Dürer: Melancholia

16	3	2	13
5	10	11	8
9	6	7	12
4	15	14	1

Tæl op, tæl ned! på kryds og tværs –
Samme resultat. Altid
Samme resultat.
                Mange veje ... alle fører mod
Samme resultat. Verden er et tal.

Mange veje.
                Alle har jeg prøvet.
Banket på himlens dør med hamre af diamant,
Analyseret metallernes spektrum,
                målt med lysår og sandur.
Regnbuen har jeg kontrolleret med passer,
Kometen der styrter i havet så jeg i kikkert,
Med vinkel og lineal har jeg løst krystallets gåde.

Tæl op, skriv ned!
Samme resultat. Altid
Samme resultat.

Atomer, molekyler,
                alle svinger om det samme tal.

Klokken over mit hoved ringer.
                Tiden er et tal.

 Og her sidder jeg, tung, med trætte vinger.
Alt har jeg gennemboret, gennemskuet,
Alt kan skrives ned til eet tal.

Albrecht Dürer: Melancholia

16	3	2	13
5	10	11	8
9	6	7	12
4	15	14	1

Count up, count down! Across and back –
Same answer. Always
The same answer.
      Many ways… all leading to
The same answer. The world is a number.

Many ways.
        I have tried them all.
Knocked on heaven's door with a diamond hammer,
Analyzed the spectrum of metals,
      measured with light years and an hourglass.
I have examined the rainbow with a compass,
In my binoculars I saw the comet plunge into the sea,
With a ruler and triangle I have solved the crystal's riddle.

Add up, write down!
Same answer. Always
The same answer.

Atoms, molecules,
      they all circle around the same number.

The bell above my head rings.
      Time is a number.

And here I sit, heavy, with tired wings.
I have examined everything thoroughly, seen through it,
Everything can be written down as one number.

Kun mit eget liv
                kan jeg ikke forstå.
Kun min egen smerte
                kan jeg ikke reducere.

It's only my own life
                I can't understand.
Only my own pain
                I can't reduce.

Verdens Orden

Goya: Henrettelserne 3. maj 1808

Stop fingrene i munden, pres øjnene i!
Det hjælper ikke ...
Døden rammer, døden er i forbund med natten,
Den blinde jernnat som intet røber
Og intet føder uden nye arrestationer
I den prøvede ordens hellige navn.

Nogle skal dræbe, nogle skal dø.
Og det er altid de samme.
Og der er altid en gud til at fjerne blodet
Og blænde op for glemslens landskab.

Nogle skal dø.
Nogle skal drømme
Længere end et bøsseskud kan nå.

Og drømmens pris er denne nat,
Dette nu i lygtens vilde skær
Hvor verden brister i et skrig.

The World Order

Goya: The third of May 1808

Stuff your fingers in your mouth, squeeze your eyes shut!
It doesn't help…
Death strikes, death is allied with the night,
The blind iron-night that reveals nothing
And births nothing without new arrests
In the holy name of the prevailing order.

Some shall kill, some shall die.
And it is always the same ones.
And there is always a god to remove the blood
And unveil the landscape of forgetting.

Some shall die.
Some shall dream
Farther than a rifle shot can reach.

And the price of dreams is this night,
This moment in the lantern's wild beam
Where the world ruptures with a shriek.

Minotauros

Hvordan gik det til? Hvordan begyndte det?

Fuldmånen, vinbjergene, det gamle lindetræ – pludselig ramlede kulisserne sammen, og man så lige ind i Teutoburgerwald.

Svulmende Brynhilde trådte frem – livstykket revnede, og ud blæste en storm af granater. Krystalkroner eksploderede og faldt som lysraketter. Harpespilleren for til vejrs på sangens vinger for at tænde sejrens bisole. Mødrene fødte vildsvin med radar i stedet for øjne. Siegfried likviderede den indre sekretion. Poetens pansernæve var skønnere end ord. Filosoffen stod med flammekaster og forsvarede nødvendigheden mod massive angreb fra gravhøjenes dynger af sko.

Der var ingen gud i druerne. Der var padderokker overalt. Sumpfugle. Lådne kroppe. Sabeltigre forklædt som godsvogne. Kolonner af flagermus. Kolossalfigurer med vortet hud. Brændende salamandere. Gorillaer af samme blodtyper som engle.

Og hele tiden hørte man Heidelberg-kæbernes knasen.

Da morgenen brød frem var hundred år gået. Man skylled med klor og skured med ammoniak, men dødens nål havde ridset for dybt.

De efterladte så til siden, når de talte sammen. – Vi må sone! råbte en stemme. – Vi må sejre! skreg ruinernes ekko.

Nogle tænkte: Er det muligt at leve med disse billeder på nethinden?

Minotaur

How did this happen? How did this start?

Full moon, grapevine slopes, the old linden tree – suddenly the scenery came crashing down, and we saw right into Teutoburgerwald.

Burgeoning Brunhilda stepped forward – her waistcoat tore open, and out flew a storm of grenades. Crystal chandeliers exploded and fell like fireworks. The harp player took to the sky on the wings of song to light the victor's double suns. The mothers gave birth to wild pigs with radar instead of eyes. Siegfried liquidated the inner secretion. The poet's armored fist was more beautiful than words. The philospher stood with a flamethrower, defending the necessity against a massive attack from the burial mounds' piles of shoes.

There was no god in the grapes. There was horsetail everywhere. Marshbirds. Furry bodies. Saber-toothed tigers dressed like freight cars. Rows of bats. Colossal figures with warty skin. Burning salamanders. Gorillas with the same blood type as angels.

And the whole time you could hear the gnashing of Heidelberg-jaws.

When the morning dawned a hundred years had passed. People cleaned with chlorine and scrubbed with ammonia, but death's needle had scraped too deep.

Those remaining looked askance when talking together.
"We have to atone!" shouted a voice. "We have to win!" yelled the ruins' echo.

Some thought: Is it possible to live with these pictures on our retinas?

Til Dan Sterup-Hansen

Du ser dem i ventesalens støvede lys,
På gader og pladser, i trafikkens kurver:
Mænd som arbejder med tunge materialer,
Koner på indkøb, sporvognens grå skulpturer,
Avissælgere i sorte firkanter, legende børn,
Parkernes mødre, den blinde mand med hunden.

Disse anonyme som historien ikke kender
og aldrig spør om råd – du kender dem.
Du ser dem og ser dig selv i alle.
Din kærlighed brænder som åbne sår.

Dan Sterup-Hansen (1918-1995) dansk maler, illustrator, og lærer.

To Dan Sterup-Hansen

You see them in the waiting room's dusty light,
On streets and plazas, in the traffic's curves:
Men who work with heavy materials,
Wives shopping, the trolley's gray sculptures,
Newspaper sellers in black squares, playing children,
The parks' mothers, the blind man with the dog.

These anonymous ones whom history doesn't know
And never asks for advice – you know them.
You see them and see yourself in everyone.
Your love burns like open wounds.

Dan Sterup-Hansen (1918-1995) Danish painter, illustrator, and educator.

Optegnelser

Tåge og regn. Vi kommer ingen vegne,
Sidder fast i små specialer.
Profeter står forladt på en kold perron.
Ingen syner, ingen sandheder.
Vi lever så godt vi kan
Med grå hverdage trukket på snor
Og underlige drømme som vi ikke tør sige.

*

Tåge og regn. Jeg elsker dette landskab,
Denne passive himmel som tvinger mig til
Skabende selvvirksomhed. Om og om igen.
Se nu tændes vinterens ild,
Lys i nattens høje vinduer.
Det er som at se ind i fremtiden,
En fremtid hvor intet sker,
Som et digt man lever sammen med
Uden at forstå, uden at ville forstå.

*

Stadig denne stilhed; men regnen er hørt op.
Himlen smykker sig med diamanter.
Det knitrer fint i mørket.
Jeg har tiden stående på min hylde,
Selvlysende, et lille stjernebillede.
Det er sent. Jeg leger med nogle ord:
"Att i sin levnad följt en linje – "
Jeg famler mig frem. Det er ikke for sent,
Skønt natten er vidt fremskreden.
Jeg har tid til at tænke mig om,
Jeg har råd til at snuble –

Notes

November '53

Fog and rain. We are getting nowhere.
Stuck in little specialities.
Prophets stand abandoned on a cold platform.
No visions, no truths.
We live as well as we can
With gray days on a string
And strange dreams we don't dare speak.

*

Fog and rain. I love this landscape,
This passive sky that forces me into
Creative initiative. Again and again.
See the winter fire now being lit,
Light in the the night's high windows.
It is like looking into the future,
A future when nothing happens,
Like a poem you live with
Without understanding, without wanting to understand.

*

Still this silence; but the rain has stopped.
The sky is adorning itself with diamonds.
A subtle crackling in the dark.
I have time placed upon my shelf,
Self-illuminating, a little constellation.
It is late. I play with some words:
"*Att i sin levnad följt en linje –*"
I fumble my way. It is not too late,
Though the night is rather advanced.
I have time to rethink this,
I can afford to stumble –

*

Lidt dagslys kigger frem. Himlen
Bleg, ufølsom – et hærget ansigt.
Barnegråd

                    Og fjernt et skrig:
Fabrikkerne fløjter en ny dag ind.

*

Partial daylight peeks out. The sky
Pale, unfeeling – a ravaged face.
Children crying

                      And a distant shriek:
The factories whistle the start of a new day.

Sensation og stilhed/ Sensation and stillness

1958

Eksdronning

Da jeg blev kronet til årets pølsedronning gik en masse røde pølseballoner til vejrs, og to borgmestre stod på hænder med hot dogs i munden, og turistchefen gned sig ind i sennep, og jeg spiste middag med verdensmesteren i sværvægt og dansede med en professor der havde fået nobelprisen, og ved midnatsmessen bad biskoppen en bøn for mig og firmaet. Nu er der nok ingen der husker mig, men jeg ejer en minde for livet. Jeg er gift og har fem børn. Min ældste datter har lige vundet en flyverejse til Bangkok. Hun starter i morgen, og så vil jeg stå ude i lufthavnen og vinke farvel og tænke på min lykkelige tid.

Ex-queen

When I was crowned Sausage Queen of the year, lots of red sausage balloons were released, and two mayors stood on their hands with hot dogs in their mouths, and the tourism chairman rolled himself in mustard, and I had dinner with the world heavyweight champion and I danced with a professor who had received the Nobel Prize, and at midnight mass the bishop said a prayer for me and the manufacturer. Probably no one remembers me anymore, but I will never forget it. I'm married with five children. My eldest daughter just won a plane trip to Bangkok. She's leaving tomorrow, so I will stand at the airport waving goodbye, thinking back on that happy memory.

Digte 1945-58/
Poems 1945-58

1958

Marginal man

Han går. Og husene følger med
Og støvregn og højt oppe skyerne
over antenner og neon i lykkens
bevidste kulører. Han går
Og asfalt vibrerer. Glasvægge
prisgiver klirrende sølv og salatsæt
Skønsang
styrter som vandfald ud af et vindu
Rundkørsel summer på gummihjul
Nylon-ben stiger ud. Nu latter
i svingdør. Lyttende mørke
stirrer
To skarpladte øjne
søger sig selv i alle udsolgte ansigter.

Marginal Man

He walks. And the houses follow
And drizzle and high up the clouds
over antennas and neon in the conscious
colors of happiness. He walks
And asphalt vibrates. Glass walls
appreciate clinking silver and salad sets
Sentimental song
rushes like a waterfall out a window
A traffic circle hums with rubber tires
Nylon legs step out. Now laughter
in a revolving door. Listening darkness
stares
Two loaded eyes
seek themselves in all sold-out faces.

ELEGI

Charlie Parker

Stilheden under urolige stjerner.
Stilheden i et hjertes eneværelse.
Stilheden før den blege dag vågner
og fejer os bort som brugte billetter.
Stilhed når stemmerne synker,
når tiden sætter sig ned og lytter:
Blev ingen toner tilbage?
intet ekko
fra smertens lange erfaring?

Kun en vinkende hånd,
dråber af sol, den sidste perron

og toget vi aldrig slipper ud af.

Elegy

Charlie Parker

The quiet under uneasy stars.
The quiet in a heart's solitary room.
The quiet before the pale day awakens
and sweeps us away like used tickets.
The quiet when the voices lower,
when time sits down and listens:
Were there no notes left?
no echo
from enduring pain?

Only a waving hand,
drops of sun, the last platform

and the train we never get off.

Journal/
Records

1963

En hare

En hare løber over græsplænen.
Jeg ser det
fordi jeg stirrer efter intet.

A hare

A hare runs across the lawn.
I see it
because I am staring at nothing.

Rigshospitalet

Det meste er ikke noget
Musik der strømmer og ingen hører efter
Stemmer kommer og går
i et andet værelse
Hoste
i et andet værelse.

Det meste er ikke noget
Ikke noget du skal blande dig i
Som nu disse børn –
de græder og græder
Det er ikke dine børn
Det er ikke din sag.

Det meste er ikke noget
Det meste er forbi før det sker
Og jeg ser du går
sort på de grå
fliser
Og fresia står tilbage
vil sige noget, elskede
og kan ikke få et ord frem.

The National Hospital

Mostly it's nothing
Music playing and no one listening
Voices come and go
in another room
Coughing
in another room.

Mostly it's nothing
Nothing you need to concern yourself with
These children for example –
they're crying and crying
They aren't your children
It's not your business.

Mostly it's nothing
Mostly it's over before it happens
And I see you walking
black on the gray
paving stones
And freesia remains
wants to say something, love
and can't get a word out.

De gamle mænd på hospitalerne

De gamle mænd på hospitalerne, de er så grå, de kan næsten ikke stå på deres tynde ben; de ligger dårligt, døser om dagen, kan ikke finde hvil om natten, når de skal spise sidder de længe og ser på maden, smager en bid, synker med besvær, orker ikke mere, selv bajeren lader de stå; de drejer rundt, de stemmer sig op, prøver at være til på en ny måde, benene ud over sengekanten, hovedet er for tungt, det synker ned mod brystet: sådan sidder de lidt, blunder, vågner med et ryk, hoster vredt; de falder tilbage i sengen, kryber sammen under dynen, ligger og stirrer, ligger og stirrer; de mumler et navn og det er væk, de dør og det interesserer dem ikke.

The old men in the hospitals

The old men in the hospitals, they are so gray, they can barely stand on their thin legs. They lie poorly, doze during the day, can't sleep at night. When they have to eat they sit for a long time looking at the food, take one bite, swallow with difficulty, can't be bothered, even leave the beer. They turn around, gather themselves, try being present in a new way, legs out over the edge of the bed, head is too heavy, it sinks down to the chest. There they sit for a while, napping, wake with a start, coughing angrily. They fall back in the bed, curl up under the covers, lie and stare, lie and stare. They mumble a name and it's gone. They are dying and they're not interested.

Picasso

Rusten bowler med rosenkinder
Landskaber i milevid trængsel
Klassiske lårbasser krydsfiner
Benbrud tvangfri appelsiner
To og to i grønne juveler
Fløjtespil for lydhøre geder
Gammel han i gymnastiksko
Kvinder og børn kvinder og børn
En cykellygte lugter tyr
Bovspryd skrækslagne strandbredder
Glassplinter ingen går fri
Et skrig løber barfodet ud og ser
Bandager i brand rygende okser
Hele verden nature morte
Sombrero centrum for sugekopper
Snart hestehale snart affarvet
Nymfer bryster som baljer
I gletscherspalten mellem død og død
Lille abe må holde sig fast
Hvis ikke kunsten hvad så
Hvis ikke l'amour

Picasso

Rusty bowler with rosy cheeks
Landscapes in a widespread rush
Classic juicy thighs plywood
Bone-break carefree oranges
Two by two in green jewels
Flute music for attentive goats
Old male in gym shoes
Women and children women and children
A bicycle light smells a bull
Bowsprit terrified beachfronts
Glass shards no one goes free
A shriek runs out barefoot and sees
Bandages on fire smoking oxen
The entire world nature morte
Sombrero center for suction cups
First a ponytail then bleached
Nymphs breasts like basins
In the glacier fissure between death and death
Little monkey has to hold on tight
If not art then what
If not l'amour

Ingen lyde i natten

Ingen lyde i natten
Det er underligt
Ikke anelse af blæst
Ikke en bil
eller bare et vandrør
Er verden holdt op?
Er det slut?
Og her har jeg siddet
og skrevet
som om jeg var
som om ord var
og tid.

Telefonen ringer!
Jeg snapper efter vejret
Verden strømmer tilbage i mine lunger
Å, nu begynder det hele forfra.

No sounds in the night

No sounds in the night
Strange
No trace of wind
No cars
or even plumbing
Did the world stop?
Is it over?
And here I've been sitting
and writing
as if I existed
as if words existed
and time.

The telephone rings!
I gasp
The world flows back into my lungs
Oh, now everything is starting over.

Det flygtige

Det flygtige elsker jeg
Ikke fortællingen
Men øjnene der talte
Ikke filmen
Men når der blev mørkt i salen
Det flygtige gav smag
Det flygtige blev tilbage:
Spor i sneen
Et dansende blad over markerne
Togdør, brus af skinner
Og én der råber Axelsen!
Ansigter i en modgående vogn
Svaler, endnu belyst af solen
Og da du kom ud i haven
Stilheden
Og børnenes stemmer inde i skoven.

The ephemeral

I love the ephemeral
Not the story
But the eyes that spoke
Not the film
But when it got dark in the room
The ephemeral made it
The ephemeral remained:
Tracks in the snow
A dancing leaf across the fields
Train door, roar of tracks
And someone shouting Axelsen!
Faces in a passing traincar
Swallows, still lit by the sun
And when you came out into the yard
Silence
And the children's voices in the woods.

Jeg går ud af mit hus

Jeg går ud af mit hus.
Jeg får nat i øjnene
og regn i håret.

Jeg går ind for den objektive verden.
Jeg er glad for jeg oplever den
at der er huller i mig
som slipper noget ind
som ikke er mig
som er begyndelse i mig
spring
fødsel og forundring.
Jeg går ud af mit skind.
Jeg går ind for den objektive verden.

I LEAVE MY HOUSE

I leave my house.
I get night in my eyes
and rain in my hair.

I get into the objective world.
I'm glad to experience it
that I have holes
which let something in
that isn't me
which is a beginning in me
jump
birth and wonder.
I get out from under my skin.
I get into the objective world.

Babylon marcherer/ Babylon is marching

1970

I DET HVIDE HUS

1
Præsidenten og Mrs. Nixon
danser ikke
De drikker heller ikke
Klokken kvart over elleve
er den sidste gæst gået.

2
Præsidentparret er
specielt gode venner med
den berømte prædikant
Billy Graham.

3
Præsidenten elsker
at slappe af i den snævre
familiekreds. Han ser
TV (helst amerikansk
fodbold) eller han tager
sig et slag kegler med
fru Pat i den private
keglebane.

4
Præsidenten rækker et
stykke lagkage til
sin ældste datter Tricia,
mens den yngste, Julia
og hendes mand David
Eisenhower smilende
ser på. Præsidentfruen
nipper en slurk isvand.
Så rejser præsidenten
sig og går tilbage til
sine krige.

In the White House

1

The President and Mrs. Nixon
do not dance
They do not drink either
A quarter after eleven
the last guest has left.

2

The presidential couple are
particularly good friends with
the famous preacher
Billy Graham.

3

The President loves
to relax in his narrow
family circle. He watches
TV (preferably American
football) or he has
a round of bowling with
wife Pat in the private
bowling alley.

4

The President serves a
piece of layer cake to
his eldest daughter, Tricia,
while the youngest, Julia,
and her husband David
Eisenhower, look on
smiling. The First Lady
sips an ice water.
Then the President gets
up and goes back to
his wars.

Forsøg på at gå/
Attempt to leave

1978

Udfordring

Jeg læser gerne dem der går imod mig
udfordrer mig, vælter mine bedste intentioner
De store tvivlere i historiens skygge
de der sejler som svaner, selvbeskuende
og aldeles ligeglade med de såkaldte kyster
de der gør det uoverkommeligt at leve
de der anbringer sig i en grøftekant
og skriver gud for hver en blomst
de indkrævende
        som ikke bestiller andet end at dø

Hvis jeg ikke kan klare dem
hvad kan jeg så?

Challenge

I like to read those who oppose me
challenge me, topple my best intentions
The great doubters in history's shadows
those who glide like swans, narcissistic
and completely indifferent to the so-called coasts
those who make living insurmountable
those who position themselves in a ditch
and write to god for every flower
the entitled who do nothing but die

If I can't handle them
then what good am I?

At finde sig en lille plads

At finde sig en lille plads
i det store virvar
en mur i ryggen, en kælderhals
    et kvistværelse
hvorfra man kan se hvad der sker
hvorfra man kan afsende sine papirflyvere

Eller:
tæt på
ind i bataljen med arme og ben
blive banket til bøfkød
men med bevidstheden: jeg
kæmpede blandt de andre
Jeg så kun hundegab og knipler
men jeg kæmpede blandt de andre.

Finding a Little Place for Yourself

Finding a little place for yourself
in the great chaos
a wall at your back, a cellarway
      a garret
from where you can see what's happening
from where you can send your paper airplanes.

Or:
close up
in the battalion with arms and legs
getting beaten to hamburger
but with the knowledge: I
fought alongside the others
I only saw dogs' jaws and clubs
but I fought alongside the others.

De stolte

De stolte
de kender intet til tilbagefald
de skrider frem på deres bane
logisk fra skridt til skridt
Gu har de det skidt
men aldrig mæler de et ord om deres hovedpine
aldrig knirker de tvivl og bekymring ned på papir
og deres liv står tilbage
som en jernskulptur for alle vilde vinde
jo mere den ruster
jo smukkere blir den.

The Proud

The proud
they know nothing about setbacks
they stride ahead on their path
logically from step to step
God, they're miserable
but never utter a word about their headaches
never leak a doubt or worry down on paper
and their life remains
like an iron sculpture bared to the wild winds
the more it rusts
the prettier it gets.

VI FRA FYRRENE

Vi fra fyrrene
hader retorik
og dog har vi sat fede sætninger
til vejrs som drager
Høj tale – vi kan ikke sige os fri
Nu kommer vi
gumpende ad bivejen
på vore små budcykler
Vi skal frem
selvom løbet er kørt.

Til minde om Stig Carlson

We from the forties

We from the forties
hate rhetoric
still we have launched hip sentences
like kites
Loud speech – we can't talk ourselves out of it
Here we come
bumping down the side road
on our little messenger bikes
We're going to get there
even though the race is over.

In memory of Stig Carlson, Swedish author (1920-1971)

SKOVVANDRING

Nu er jeg her
før var jeg der

Forest stroll

Now I'm here
I was over there

BEGYNDELSE

Jeg sidder med blyant og papir
Jeg er klar
Dictér!

Sig noget barndom
sig noget fjerne tid
slyng mig ned i det der var
og jeg vil se den jeg er
Nu
Den jeg kan blive
når lyset udenfor
og lyset i mig
falder sammen i ét punkt.

Beginning

I sit with pencil and paper
I am ready
Dictate!

Say something childhood
say something distant time
fling me down in what used to be
and I will see what I am
Now
What I can become
when the light outside
and the light in me
merge to a single point.

Håb og handling
Hope and action

1980

UTOPI

Det er i de stille dage arbejdet skal gøres
når aviserne kun beretter om frække præster
bussammenstød og de sædvanlige økonomiske
afgrunde
Men ingen invasioner på forsiden
ingen ekstra nyhedsudsendelser i TV
Det er i de fred-lignende perioder
de grå øjeblikke med flygtige sol
at vi skal dreje verden ind
på en ny kurs

Når vi alle har travlt med at leve
vort korte liv.

Utopia

The work has to be done in the quiet days
when the newspapers only report on naughty priests
bus collisions and the usual economic
abysses
But no invasions on the front page
no special reports on TV
It's during the peace-like periods
the gray moments with intermittent sun
that we have to turn the world
towards a new direction

When we all are busy living
our short lives.

Ord fra Humlebæk/
Words from Humlebæk

1986

Du kan starte her

Du kan starte her
hvor teksten starter
Du kan også komme ind
længere nede
Som jeg har det med
fjernsynsfilm
Jeg er der sjældent
fra begyndelsen
Jeg tar plads
i en skov f.eks.
De snakker og
fægter med armene
Og når så intrigen
strammer til
hiver jeg mig op af sofaen
nikker: godt nok
og går
som en skuespiller
der ikke er med i finalen.

You can start here

You can start here
where the text starts
You could also enter
farther down
Like I do with
TV movies
I'm rarely there
when it starts
I get situated
in a forest, for example.
They're talking and
waving their arms around
And then when the intrigue
tightens
I pull myself away from the sofa
nod: that's fine
and leave
like an actor
who isn't in the ending.

Du har et ensigt som

Du har et ansigt som
Botticellis Venus –
Men når du åbner munden
er vi hjemme i Valby.
Det er det jeg forstår
ved Virkelighed.

You have a face like

You hava a face like
Botticelli's Venus –
But when you open your mouth
we are back in Valby.
That is what I mean
by Reality.

Mit værelse

Mit værelse
er udsigtspost
og nervecenter.
Herfra skal jeg sgu nok observere
fremherskende kriser og tendenser
og sætte et og andet i gang
som trækker i den rigtige retning
eller noget i den retning –
Mange er opmærksomme på en masse
løjerlige detaljer
rækker fingeren op og råber:
Jeg ved det! – i TV
og får tildelt præmie
af folk der ved endnu mer besked
om dit og dat og smedens kat,
indsamlere af løsøre
afrettede afrettere
ser ikke dynamikken for bare droscher
kvitter springet
til fordel for fintælling af sutsko ...
Jeg må le.
I mit værelse.

My room

My room
is a lookout post
and nerve center.
This is where I damn well can see
prevailing crises and tendencies
and set something in motion
which points in the right direction
or something like that –
So many pay attention to lots of
strange details
point their finger and shout:
I know! – on TV
and get awarded a prize
from people who know even more
about this and that and the farmer's cat,
collectors of spare change
tamed tamers
who can't see the dynamic because of all the liveries
abandon the jump
to keep carefully counting slippers…
Makes me laugh.
In my room.

Hjemme i labyrinten/
At home in the labyrinth

1988

3

Rolig kameraføring. Vi er i en kirke. Man vasker blod af væggene. En kvinde æder høns, mens hun danser rundt om sig selv. Det er en bodsøvelse, vi er i tiden før den sorte død, før naturdyrkelsen og sangen og maden og det udfordrende tøj. Menneskesindets Natside er filmens ene arbejdstitel, den anden: Sex og Satan. – Jeg vil bestemme vor position, har instruktøren sagt i et allerede berømt interview – jeg vil teste vor moral, hele det overleverede værdisystem – jeg frygter ikke censors saks, folk skal ha lov til selv at tænke.

3

Smooth camera work. We are in a church. Washing blood off the walls. A woman is eating chickens while she dances around herself. It's a penance ritual; we are in the time before the black plague, before agriculture and song and food and challenging clothing. The Shadow of the Human Mind is the film's one working title; the other: Sex and Satan. "I want to determine our position," the director said in an already famous interview. "I want to test our morality, the whole inherited value system. I'm not afraid of the censor's scissors. People should be allowed to think for themselves."

4

Det er vinter. Tid til saglighed. Vi besøger Ross i hans afdeling. Han måtte opgi at leve af sit maleri, i stedet blev han designer. Alle kender hans lille pige med digitaluret og den toldfri shop i Abu Dhabi.
Ross er ekstrem. – I begyndelsen havde jeg kvaler med mine klienter. Mit design blev kaldt antidesign. Jeg nægtede at gå på kompromis. Nu er avantgarden indlysende for selv den dummeste art director. Jeg har masser af arbejde.
Vi får lov at se hans nye kromosomserie. Ross griner til fotograferne: – I fiser rundt efter virkeligheden, jeg lader virkeligheden komme til mig.

4

It's winter. Time for objectivity. We visit Ross in his department. He had to give up living off his paintings and became a designer instead. Everyone knows his little girl with the digital watch and the duty-free shop in Abu Dhabi.

Ross is extreme. "In the beginning I had trouble with my clients. My design was called antidesign. I refused to compromise. Now the avant-garde is obvious to even the dumbest art director. I have lots of work." We get to see his new chromosome series. Ross smiles at the photographers. "You rush around chasing reality. I let reality come to me."

5

På jagt efter oprindelighed kører vi ind i en bjerglandsby der aldrig har haft besøg af turister. Mod en beskeden entré får vi adgang til et hjem – en ældre kone tilbereder en pibe opium, hun ryger, vi blitzer. Bagefter besigtiger vi hendes lille valmuemark. En tigger stiller op til fotografering. Han rapper som en and, fjaser og snurrer rundt. Vi kaster nogle mønter i en snavset spand. Plast! Vi er ført bag lyset. Bureauet lovede højt og helligt uspoleret natur.

5

Hunting for origins we drive to a mountain village that has never before been visited by tourists. For a small fee we are admitted to a home – an old woman prepares a pipe of opium. She smokes, we shoot. Afterwards we survey her opium field. A beggar poses for photographs. He quacks like a duck, acts foolish and spins around. We toss a few coins in a dirty pail. Plastic! We realize we've been cheated. The bureau solemnly promised us pristine nature.

7

Sorte mandag gule fredag – markedet fluktuerer, men her under
halogenlamperne i den indrettede riddersal er vi på sikker grund
(marmor) – de store entreprenører, vore lokomotiver og deres
systemudviklere og europamestre og folkevalgte og du og jeg
med hvidvin og pindemadder fra den fælles buffet. Man må give
lykketeoretikeren ret: højeste værdi er den umiddelbare eksistens, livet
som det leves, *dette* miljø, *disse* mennesker –hvad de tænker, hvad de
udtaler – Jeg er ikke interesseret i magt, jeg ønsker indflydelse – sælg
dit underskud – jeg vil renses – jeg har en dommer på hånden ... alt det
man lytter, alt det man ser, skønheden, styrken, den selvbevidste men
prunkløse galla. Og musikken! Den kommer stærkere nu – Kanalen
er her, teknikerne gør klar: Kvinden, kærligheden, vidunderbarnet i
midten, stjerner på fløjene – Jeg næsten svæver, jeg føler mig så fri som
kunsten, jeg forestiller ikke, jeg er.

7

Black Monday, Yellow Friday – the market fluctuates, but here beneath the halogen lamps in the furnished great hall we are on solid ground (marble) – the big contractors, our locomotives and their system developers and European champions and the democratically elected and you and I with white wine and hors d'oerves from the common buffet. You have to admit the happiness researcher is right: the highest value is immediate existence, life as it is lived, *this* environment, *these* people – what they are thinking, what they are saying – I'm not interested in power, I want influence – sell your debt – I need to be cleared – I have a judge in the palm of my hand… you hear all that, you see all that, the beauty, the strength, the self-aware but unostentatious gala. And the music! It's louder now – the channel is here, the technicians get ready: the woman, the love, the wonderchild in the middle, stars on the sides – I'm nearly floating, I feel as free as the art, I am not a representation, I am.

9

On location. Vi laver et indslag om Syntesesmeden, den aldrende tilværelsesfortolker. – Hvad er du i gang med? – Jeg svejser gældskrisen, kvantefysikken, tredje verden, drivhuseffekten, fiskedøden, arbejdsløsheden, imperialismen, psykoanalysen, syreregnen og mit private skrot sammen til en poetisk helhed, en knytnæve, en stikflamme der svitser de store, ildner de små og gir mig det daglige kik. – Kan mindre ikke gøre det? – Nej, mindre kan ikke gøre det.

9

On location. We are doing a piece about the Synthesissmith, the aging interpreter of existence. "What are you working on right now?" "I'm welding the debt crisis, quantum physics, the third world, the greenhouse effect, fish kills, unemployment, imperialism, psychoanalysis, acid rain, and my private junk collection into a poetic whole, a fist, a torch that singes the great, sets fire to the small, and gives me my daily glimpse." "Can't it be done with less?" "No, less won't work."

10

Så begynder den skønneste og farligste rejse, rejsen ind i os selv. Stille og landligt begynder den. Et mørkt rum. Maskinlade eller udhus. Lyset kommer fra et lille hul beregnet for høns. Engang kunne vi presse os igennem – vi gør det igen. Og står i ukrudt til halsen, vilde hindbær, nælder, sten og rustne skår i græsset. Hvad er der bag den dør? Hvad er der oppe på loftet? En svedig lugt i høet, parfume? stearin? Og så eksploderer billedet i en moderne slagmark. Instruktøren har endnu engang overrumplet os, afdækket vor indre virkelighed og påvist dens ydre udtryk. Rejsen ind i os selv var rejsen ind i Krigen – som ikke er andet end *vor* barneskræk, *vore* konflikter og mareridt forstørret op i Cinerama og Eastmancolor. En modbydelig film – fordi sandheden om mennesket er modbydelig, logisk sat sammen, glimrende fotograferet.

10

So begins the most beautiful and most dangerous journey, the journey into ourselves. It begins quiet and pastoral. A dark room. Machine shed or outbuilding. Light is coming from a little opening meant for chickens. We used to be able to squeeze through – we do it again. And we're standing in weeds up to our chin, wild raspberries, nettle, rocks and rusty fragments in the grass. What is behind that door? What is up in the loft? A sweaty smell in the hay – perfume? wax? And then the picture explodes into a modern battlefield. The director has taken us by surprise yet again, uncovered our inner reality and demonstrated its outer expression. The journey into ourselves was a journey into the War – which was nothing other than *our* childhood fears, *our* conflicts and nightmares enlarged in Cinerama and EastmanColor. A horrible film – because the truth about people is horrible, logically constructed, brilliantly photographed.

13

Jeg skiller mig ud fra de andre, jeg må i nogle timer tåle mit eget selskab, glemme det der venter, sanse det der *er,* skønheden, det gådefuldes ansigter, ting og tegn, – jeg registrerer: frø, sneglehuse, fjer, spindelvæv, rødder, stængler, kastanjer, sten – jeg iagttager en supernova, lys i lige linje, men jeg ved det er bøjet – denne lette skramlen i rummet, dønninger fra verdens begyndelse, det store brag, galakserne der farer fra hinanden – en verden af former og eksplosioner huses i min bevidsthed, det gir mig en rumlig placering, en stoflig troværdighed – sådan tegner jeg min kontur i vejret, før jeg skal videre.

13

I stand apart from the others, have to bear my own company for a few hours, forget what awaits, sense what *is*, the beauty, the puzzled faces, things and signs – I take note: seeds, snail shells, feathers, spiderwebs, roots, stems, chestnuts, rocks – I observe a supernova, light in a straight line, but I know it's curved – this gentle rattling in space, reverberations from the world's creation, the big bang, the galaxies retreating from one another – a universe of forms and explosions housed in my consciousness, it gives me spatial location, a material reliability – this is how I draw my outline in the elements before I have to move on.

14

Porcelænsskyer. Lugten af terpentin. Jernbaneskinner. Efterårets metalfarver. Rimfrost. Slottet, den faldende linje ned mod centrum. Lystavler. Masker af træ og turkis. Vinduer og vandpytter. Cigaretskod tømt ud på asfalten.Kornsiloer – solen bagved: en fin glorieeffekt. Optrækkende uvejr. Ringlen af is i whiskey.

14

Porcelain clouds. The smell of turpentine. Train tracks. The metal hues of autumn. Frost. The castle, the line falling towards the center. Scoreboards. Masks of wood and turquoise. Windows and puddles. Cigarette butts dumped out on the asphalt. Grain silos – the sun behind: a nice halo effect. Approaching weather. The tinkling of ice in whisky.

16

Så er vi på kursus, vi tanker op, kommer rundt om problemerne, spænder
vore slappe horisonter, alt det vi ikke var klar over! men nu har vi rimelig
indsigt i kloning, vi forstår hvad vi mener om behov; mikrofonteknik
er ikke længere gæt, støv til støv, det skader ikke at vide at blomsterne
er planternes kønsorganer, at man forbereder en ny helgen, at livsmod
kan måles ligesom feber; det er ikke bare nyttigt, det er skønt at møde
skabende folk hvadenten det drejer sig om en belønnet hårkunstner eller
den nærboende hybriddigter som foruden sin egen protestlyrik indfører
os i de lokalhistoriske arkiver hvor alt bevares om det så bare er skyggen
af en skovl; og der er meget endnu, programmet er langtfra udtømt, vi
skal diskutere urtemedicin, konkurrenceevnen, kærligheden; vi skal
ud i grupper og omdefinere vor arbejdskraft, vi skal høre foredrag om
fantomsmerter, den dualistiske samfundsmodel, ballettens fremtid, stilbrud
i nyere litteratur ... hvorfor er alle mennesker ikke her?

16

So we're at a workshop. We fill our tanks, circle problems, tighten our slack horizons, so much we didn't know! but now we have considerable insight into cloning, we understand what we mean by need; microphone technology is no longer a guess, dust to dust, it doesn't hurt to know that flowers are the sex organs of plants, that a new saint is being prepared, that courage can be measured just like fever; it's not just useful, it's wonderful to meet creative people whether it's regarding a prized hair artist or the neighborhood hybrid poet who besides his own protest poetry introduces us to the local historical archives where everything is preserved even if it's just the shadow of a shovel; and there is still more, the program isn't close to being exhausted, we are going to discuss herbal medicine, competitiveness, love; we will break into groups and redefine our labor, we will hear a lecture about phantom pain, the dualistic social model, the future of ballet, stylistic inconsistencies in contemporary literature… why aren't all people here?

21

Det er ingen sag at arbejde med marine og hvidt, der skal en artist til at sætte lyserødt op mod brunt, Stråhat, nu brænder dit navn i neon, Solsikkeslør, lilla strømper, en ordentlig smørklat på maven, Serena, risikovillig som et kuvertbrød, hendes mor i smokingjakke og ingenting under, man kan aldrig blive for rig eller for tynd, Frisvømmeren ikke spor grøn, guld til de rappe, rubber til alle, Vekselsangeren, han er selv det røde bær i sin cocktailkjole, Kødøkse, Sølvfisken, de skabende enere, de tyve familier – glade børn lader sig ikke mobbe.

21

Anyone can work with aquamarine and white, but you need an artist to set pink against brown, Straw Hat, now your name burns in neon, Sunflower Veil, purple tights, a generous pat of butter on the belly, Serena, daring as a French roll, her mother in tuxedo jacket with nothing underneath, you can never be too rich or too thin, Certified Swimmer not green at all, yellow for the nimble, caboodles for everyone, Exchange Singer, he is actually the red berry in his cocktail dress, Meat Cleaver, Silverfish, the creative geniuses, the twenty families – happy children don't let themselves be bullied.

23

Millioner af processer synkroniseret i tid og rum – og du kan ikke engang få et æble til at hænge sammen – gummi og zink, optisk salat – du mixer rundt i nyferniserede gulve, morgenavisen, fugleburet, "den gode kop" – primærfarver snerrer ad gråtoner, over- og underbelysninger – du kan ikke komme fra en mørk stue til en lys uden at det gule oxiderer, grønt løber an i blåt – laurbær, skumsprøjt, nu mangler bare de stirrende spejlæg, villaen ved havet og redningshelikopteren – der var den! – omsonst – den kan ikke gå ned, når billedkontrollen er ude af drift.

23

Millions of processes synchronized in time and space – and you can't even put together an apple – rubber and zinc, optic salad – you blend together newly varnished floors, the morning paper, the birdcage, "the good cup" – primary colors snarl at gray nuances, over- and underexposure – you can't go from a dark room into a bright one without oxidizing yellow, green runs into blue – laurel, foam spray, now only the staring fried eggs are missing, the villa by the sea and the rescue helicopter – there it is! – in vain – it can't go down when the picture controls aren't working.

25

Jeg valgte saksen i stedet for sæben, råbet i stedet for redaktionen; nøgen som en snegl i min rustning af vinyl er jeg klar til nye anfald, en fodtusse i menneskehedens store march på stedet; tandhjul mellem tandhjul holdt jeg mig til en enkel filosofi: kunsten og kampen to sider af samme skjoldmø; for at kringle lidt kykeliky må man gennem kemiske værker, for at håbet kan springe ud må man selv stå på hovedet, som dengang vi skrabede bunden og kom op med æg i hånden ... sådan! jeg skriver som besat, mine erindringer skal på gaden, min selvforståelse, min tro på engang – hermed de ti første bind – gider du øje igennem og påpege eventuelle brist. PS jeg er ikke total, jeg mærker stadig eksistensen et eller andet sted i kroppen.

25

I chose scissors instead of soap, yelling instead of the editing; naked as a snail in my vinyl armor I am ready for new bouts, a grunt in mankind's great march in place; gear to gear I follow a simple philosphy: art and battle two sides of the same valkyrie; in order to fix some cocka-doodle-doo you have to traverse chemical creations, so that hope can jump out you have to stand on your head, like back when we scraped the bottom and came up egg in hand... like that! I write as if possessed, my memories have to be on the street, my self-awareness, my belief in back then – here are the first ten volumes – do you mind scanning them and pointing out potential cracks. P.S. I am not absolute, I can still recognize existence someplace in my body.

27

Da jeg stod og proppede tøj i vaskemaskinen var der et ord der blev ved at falde ud: *stemningsmassage* – vi gennemfører jo intet, ælter bare rundt i uld og polyester, eller tag *demokrati,* det brænder ikke, det smelter som gardiner, eller hvad stiller man op med *desintegration* – i skolen lærte vi der er visse love, husker du, "strengt behersket smerte" – men hvordan skaber vi skønhed når det hele skvulper – ja jeg er træt, jeg snakker, jeg har kun orden på mine sokker.

27

As I stood stuffing clothes into the washing machine a word kept falling out: *moodmassage* – you know we aren't completing anything, we're just kneading the wool and polyester; or take *democracy*, it doesn't burn, it melts like curtains; or what can you do with *disintegration* – in school we learned there are certain laws, you remember, "strictly controlled pain" – but how do we create beauty when the whole thing is sloshing – I know, I'm tired, I'm rambling, the only thing I have under control is my socks.

31

Al den snak om Apokalypse – det bliver naturligvis helt anderledes – lad os fortsætte hvor vi slap – A kan også være B? – Anna men også Bent? – Er det ikke upraktisk, kan man *tænke,* kan man indfange i begreber på den måde ..? Nå, her skal ikke tænkes, ikke forstås? Hvad skad der så? Skal der gås? Vil vi se en film? Meditere? Udveksle drømme? Jeg drømte i nat at jeg skulle henrettes ved stening. Hvor længer varer det inden man dør, tænkte jeg - hvor længe varer det inden man er død?

31

All this talk about an Apocalypse – of course it will be completely different – let's continue where we left off – A can also be B? – Anna but also Bent? – Isn't it impractical, one might *think,* can it be captured in terms this way…? Well, here we shouldn't think, shouldn't understand? Then what? Should we go? Do we want to see a movie? Meditate? Discuss our dreams? – Last night I dreamed I was going to be executed by stoning. How long does it take before you die, I thought – how long does it take before you're dead?

33

– De kommer for at få én ting: *fulfilment* – deres alder rører mig ikke, jeg er selv ung – men at de er så sultne – jeg tror at mange af dem aldrig får mad, deres kroppe er så magre, de vil fyldes ud, de vil bruge arme og ben og tarme og hoveder, de vil se deres drøm slå igennem, sætte spor – al den energi som bare stemmes op – man kan jo ikke undgå at føle det, når de står dernede på plænen og smadrer luften med de bare næver – derfor er kontakt vigtigere end musik, nej kontakt og musik er det samme, ellers blir det kun medlidenhed, først medlidenhed, så foragt – derfor trykker jeg mig ud til dem, det der er dødt i mig og det der lever, juleaften! i morgen sulter de videre. Hun ser vredt på os: – At jeg ikke altid forstår det jeg synger beviser ingenting. Så går hun på scenen og vi går hjem med vores bånd og notater og beundring og vrede og lede og prøver at finde en vinkel.

33

"They come to get one thing: *fulfillment* – their age doesn't concern me, I'm young myself – but that they're so hungry – I think many of them never eat, their bodies are so thin, they want to fill out, they want to use their arms and legs and intestines and heads, they want to see their dreams succeed, blaze a trail – all that dammed up energy – you can't avoid feeling it when they're standing down there on the lawn punching the air with their fists – that's why contact is more important than music, no, contact and music are the same, otherwise it's just sympathy, sympathy and then disdain – that's why I force myself out to them, whatever is dead in me and whatever is alive, Christmas Eve! tomorrow their hunger will be there again." She looks angrily at us: "It doesn't prove anything that I don't always understand what I'm singing." Then she goes onstage and we go home with our recordings and notes and admiration and anger and disgust and try to find an angle.

34

Endelig aften. Vi trækker skærmen for, og lyset fra den brændende lagerbygning skærer i øjnene, vi snakker med en urobetjent og derefter hans foresatte (heller ikke i uniform), der er tydelige bremsespor, kontrollamper blinker, vi synkroniserer uret med jordens rotation (den bliver langsommere), blomkål stiger, selvfølgelig skal vi ha en solidarisk lønpolitik, stole på egne kræfter som man siger, vi sætter kryds på menneskerettighedernes kort, går tæt på skønhederne fra forsiden og deres bagmænd og hilser på en østindiefarer som uden accent bekræfter at bølgerne strejker i Sydhavet men at han personlig er ligeglad med både stiv kuling og selvudslettende cumulus, det går stærkt som valmuer, rent vanvid når unge mænd smider sig i døden for et par kaktus, vi flyver lavt over fælles sandkasser og private pyramider, ildskyen tændes på den endnu aktive vulkan, og er det ikke os der danser på havnen er det i hvert fald nogen der ligner selvom det er en genudsendelse.

34

Finally evening. We pull the shade, and the light from the burning warehouse is blinding. We chat with a guard and then his superior (neither uniformed), there are obvious skidmarks, the alarm lights are flashing, we synchronize the clock with the Earth's rotation (it's slowing down), the cauliflower is rising, of course we should have a unified salary policy, believe in our ability as they say, we put an X on the human rights map, pass right by the beauties on the cover and their ringleaders and greet an East Indies traveler who confirms without accent that the waves are striking in the South Sea but that personally he's indifferent to both stiff winds and self-effacing cumulus, it's going gangbusters as poppies, total craziness when young men throw themselves to their death for a couple of cacti, we fly low over community sandboxes and private pyramids, the firecloud is lit by the still active volcano, and if isn't it us dancing by the harbor in any case it is people who look similar, even though it's a rerun.

36

Figurer på himlen, skyer af gas og støv, jernbanebroen under romerlysets violette manke, regnskove, elefanter i en flod, tændstikæsker med billeder af udvalgte blomster, elmaster i tåge, en fugl bumper mod ruden – du er et ordensmenneske, så hjælp mig med at samle disse klip, hjælp mig med at se det mønster som må være, ikke bag det hele, men i det hele, den glæde som bærer oppe.

36

Figures in the sky, clouds of gas and dust, the railroad bridge under the Roman candle's violet mane, rainforests, elephants in a river, matchboxes with pictures of selected flowers, utility poles in fog, a bird flies into the window with a bump – you're an organized person, so help me collect these fragments, help me see the pattern that must be there, not behind it all, in it all, the joy that sustains.

37

Hvad skal vi med tingen i sig selv, fænomener er fænomener, natteskyer naturlige smykker, det brune lys i bølgerne, tidevandet, dobbeltsengen på stranden og i direkte forlængelse heltens aftryk langt ind i landet hvor nationalparkerne begynder, bjergene spruder og de vilde dyr! kald det hvad du vil, lindring, skønhed en sideeffekt, det umuliges tryllekraft, nu som i huleboernes storhedstid, luftslotte, templer uden indmad, sigøjnernes bål, solopgang i et højhus, set og skabt, dette *var ikke,* dette *er nu,* du holder det! og det er ikke vor ambition men vor stædighed, ikke vor fantasi vor uskyld, en fornuft som vaskede bellis, med andre ord: konflikten kan ikke løses, den må holdes i spræl, vi er ikke forud for almanakken, ser ikke dybere end hvalens assyriske øje, vi er udleveret, men vi tar fra, akkumulerer og reagerer flimmer wimmer fyrværkeri er fyrværkeri falsk lys sande ansigter vi gir igen igen … Gode ven, som du ser af dette udkast arbejder jeg videre på vort manifest, jeg mener ikke tiden er løbet fra "den slags."

37

What shall we do with the thing itself, phenomenons are phenomenons, night clouds natural jewelry, the brown light in the waves, the tide, the double bed on the beach and in direct extension the hero's imprint far inland where the national parks begin, the mountains are erupting and the wild animals! call it what you like, soothing, beauty a side-effect, the impossible's magic power, now as at the peak of caveman time, castles in the air, temples without innards, the Gypsy Ball, sunrise in a highrise, seen and created, this *was not,* this *is now,* you're holding it! and it is not our ambition but our stubbornness, not our fantasy – our purity, a sensibility like washed daisies, in other words: the conflict cannot be resolved, it has to be kept in a sprawl, we aren't ahead of the almanac, don't look any farther than the whale's Assyrian eye, we are delivered, but we subtract, accumulate and react flicker waggle fireworks are fireworks false light true faces we give back again… Good friend, as you see from this attempt I am continuing to work on our manifesto, I don't believe time has passed by "that kind of thing."

39

Begærets himmelflugt, håbets styrtløb og økonomiens salige knus – så hellere dine arme, octopus, stærke som kabler trækker de mig ned, i bundløs nat, i blivende mudder, den sidste forvandling.

39

Desire's blast-off, hope's dive, and the economy's blessed embrace – but your arms would be better, octopus, strong as cables they pull me down, in bottomless night, in enduring mud, the final transformation.

43

Man kan gå op i denne kolossale valkyrie, kigge ud af hendes pupiller og ører og stille sin panoramatørst: snebjerge, sletteland, flod, by, borg – de klassiske elementer bragt sammen i et overskueligt hele. Pragtfuldt. Det private klæber. Kunst forvandler alt til kunst.

43

You can go up in this colossal valkyrie, look out of her pupils and ears and satisfy your panorana-thirst: snowy mountains, plains, river, city, castle – the classic elements brought together in one manageable whole. Splendid. The private clings. Art changes everything to art.

44

Skovene stejler, dér sad hun på klippen og sang – strømhvirvler –
men her i svinget er floden elektronisk, tv-kameraer styrer vort skib,
vandet lugter af apotek, advarselsskilte på begge sider, den gamle bro
er ny, hotellet har en fortid som ridderruin, tungrocken kører, blitz og
pølser og hvin og høje ligeglade stjerner.

44

The forests rear up, there she sat on the cliff singing – whirlpools –
but here in the curve the river is electronic, tv cameras steer our ship,
the water smells like a pharmacy, caution signs on both sides, the old
bridge is new, the hotel has a past as a medieval ruin, the hard rock
blares, flashes and hot dogs and squeals and high indifferent stars.

46

Fuglenes trækruter, følfod på en skrænt, en næsten glemt mergelgrav –
jeg priser våren som et gammelt oliefyr, sol i skjorten, græs, haletudser,
alt det der kommer igen , alt det man kan stole på som sin egen
melankoli, det rumsterer! der mærker du vel også hvor du så er – er
du ude på et eksistentielt erobringstogt, skræver du over de fulde på
fortovet, studerer du selvmordets sprog, står du på klippen og måler
røgfanen fra den brændende tanker, ødsler din uudtømmelige fantasi på
det udtømte hav?

46

The bird migration routes, coltsfoot on a slope, an almost forgotten marl pit – I appreciate the spring like an old oil furnace, sun on my shirt, grass, tadpoles, everything that returns, everything you can trust like your own melancholy, it's moving! you notice it too, wherever you are – are you out on an existential conquest, are you stepping over the drunks on the sidewalk, are you studying the language of suicide, are you standing on the cliff, measuring the smoke billowing from the burning tanker, squandering your inexhaustible fantasy on the drained ocean?

47

Ånden i naturen og ånden i flasken – længe før vi kommer til sprogets grænser ser vi i lyset fra afgrundsindustriens stavlygter at selv junglemetaforerne har sår på undersiden. At håb og horisont viger, det ved vi, men når undervegetationen, vort fælles vildnis, det uvilkårlige, usikre, når selv urskoven er for syg til parring, hvad nytter det så at vi parkerer vore kroppe i polarlys, at vi opbevarer sæd i plast, at vi forvandler hunger til garden parties – ikke engang terrassehaverne i det højeste kasino holder stand når vi står der målløse –

47

The spirit in nature and the spirit in the bottle – long before we arrive at the limits of language we see in the light from the abyss-industry's torches that even the jungle metaphors have sores on their underbelly. That hope and horizon give way, we know that, but when the undervegetation, our mutual tangle of growth, the involuntary, the unsure, when even the primeval forest is too sick for mating, what use is it to park our bodies in polar light, that we preserve sperm in plastic, that we transform hunger to garden parties – not even the terraced lawns of the tallest casino hold their ground when we stand there dumbfounded –

48

Kassandras flotte krop og sorte tale – det er meget forvirrende – skal man tro sine øjne eller ører, er det ikke nok for hende at hun er smuk – selv murene måber, men de får udslæt så snart hun åbner munden – og vores palaver fortsætter som bølgerne når skibet har passeret. Men forvirrende er det, især når man går hjem – hvad har hun set, har hun adgang til kilder som vi ikke kender, eller er forklaringen en skuffelse i det private, kærlighed, en ulykkelig barndom – hvad ved man? netop, hvad kan man vide, om det som er og det som kommer, alt hvad man siger er enten for meget eller for lidt. Tilbage står hendes skønhed, den er hævet over diskussion, hendes sjældne smil, som enge på havbunden, hendes faste blik, bare at se hende gør bange, en angst helt ind i benet.

48

Cassandra's beautiful body and ominous speech – it's very confusing – should you believe your eyes or your ears, isn't it enough for her that she's pretty – even the walls are gaping, but they break into a rash as soon as she opens her mouth – and our palaver continues like waves when the ship has passed. But it is confusing, expecially when you go home – what did she see, does she have access to sources we don't know, or is the explanation a private disappointment, love, an unhappy childhood – who knows? Exactly, what can you know about what is now and what is to come, everything you say is either too much or not enough. What remains is her beauty, that is beyond discussion, her rare smile, like a meadow on the ocean floor, her unwavering expression. Just to see her instills fear, fear down to the bone.

51

Uden at genere en lærke står jeg og drømmer med åbne øjne, jeg afmaler kærlighedens bakkeland, håbets himmel og den mellemliggende staffage. Så går der brok i billedet, jeg har i hvert fald ikke bestilt disse jagere og batterier og flak eller hvad fanden det er som skyder sig ind, jeg har bindingsværk på penslen, men det dernede ser unægtelig ud som kampvogne – og det blir ved, amfibiekøretøjer, faldskærmstropper, bombefly, ubåde, destroyere, haubitsere, fodfolk, grenaderer, generaler, våbenkræmmere, musketerer, hellebardister, trompetblæsere, feltpræster, korsriddere og deres eskorte, hærskarer af lopper, rotter, pest – jeg stritter imod, men invasionen fortsætter, motivet klemmer til – er jeg offer fordi jeg stod så tydeligt i landskabet eller er alle færdige?

51

Without disturbing a meadowlark I am standing, dreaming with open eyes, I am picturing love's foothills, hope's sky and the figures in between. Then the picture gets messed up, I haven't ordered these fighter jets and batteries and flak or whatever it is that's shooting its way in. I have timberframe houses in my brush, but that down there looks undeniably like tanks – and it keeps coming, amphibious vehicles, paratroopers, bombers, submarines, destroyers, howitzers, footsoldiers, grenadiers, generals, weapons brokers, musketeers, halberdists, trumpeters, army chaplains, crusaders and their escorts, hosts of fleas, rats, the plague – I resist, but the invasion continues, the motif latches on – am I a victim because I stood so clearly in the surroundings or are we all finished?

Hjemme

Splittet er jeg til det sidste. Uskarpe drømme. Et øje på hver finger.

Skyerne løber. Jeg står stille. Dagen kryber i sort. Jeg rager op i natten.

Jeg ved hvad jeg ser. Jeg ser ikke hvad jeg ved. Himlen er en losseplads.

Det vælter over mig, glasstumper, gammelt jern.

Spejle eksponerer spejle.

Bag billedet af uhyret er billedet af en hero er billedet af en maske.

Der er ikke frihed. Der er friheder. De river hinanden i stykker.

Splittet er jeg til det sidste.

Hjemme i labyrinten.

At Home

I am conflicted to the end. Blurry dreams. Eyes peeled.

The clouds are sailing. I'm standing still. The day fades to black. I stick out in the night.

I know what I see. I don't see what I know. The sky is a dumping ground.

It crashes down on me, glass shards, old iron.

Mirrors expose mirrors.

Behind the picture of the monster is the picture of a hero is the picture of a mask.

Freedom doesn't exist. Freedoms exist. They tear each other to pieces.

I am conflicted to the end.

At home in the labyrinth.

Sand/ Sand

1990

8

Variere, springe op
Komme videre

Ikke sidde på sin færdighed
Bagefter dækker vi med

Sand. Disse fjer på strandhimlen
Bulner til lår

Kalypso
Lad det komme. Det kommer

Det blivende
Er det der eksploderer.

8

Vary, jump up
Proceed

Don't sit on one's talent
Afterwards we will cover it with

Sand. These feathers on the beach sky
Swell into thighs

Calypso
Let it come. It's coming

What remains
Is what explodes.

10

– Kan du være helt stille og vise at du ikke er bange altid, at du kan glemme, at du kan give dig hen og strække dig behageligt og fange mine øjne og ikke smile skævt og ikke lede efter bidende replikker og ikke prøve på at overgå hvad det nu er du vil overgå og ikke gyse for at plumpe igennem

så kan du løbe ud i sandet og lege ... leg du er en araberhest, en rigtig vindsluger

10

– Can you be totally quiet and show you aren't always afraid, that you can forget, that you can let go and stretch comfortably and look me in the eye and not smile crookedly and not hunt for biting remarks and not try to outdo whatever it is you want to outdo and not let plopping through make you shudder

then you can run out in the sand and play… pretend you are an arabian horse, a real wind sucker

11

de siger jeg er for gammel af min alder og for ung, de siger man skal kende rødderne bagud, de siger jeg prøver at nå toner uden for min stemmes rækkevidde, de siger det er vigtigt at kende forskel på gloende drager og skytsengle, de siger jeg er en normalt bygget teddybjørn og så nyder man ikke ubehaget ved egne tanker, de siger jeg har en dårlig indflydelse på vejret, de siger jeg står ved en skillevej og kan ikke forklare hvilke veje det er der skilles, de siger nu kan det være nok

de har ret, jeg behøver ikke sparke, det falder fra hinanden af sig selv

11

they say I'm too old for my age and too young, they say we should know the roots that came before us, they say I'm trying to reach notes outside my voice range, they say it's important to know the difference between fiery dragons and guardian angels, they say I'm a teddy bear of average build, and then can't enjoy the discomfort of my own thoughts, they say I have a bad influence on the weather, they say I'm at a crossroads and can't explain which roads are diverging, they say okay that's enough

they're right, I don't have to kick, it will fall apart on its own

13

ramt af sommerfugl

du kan vente dig

13

hit by a butterfly

just you wait

14

– Donna, for helved, når han har sat dig til livs kommer du på masonitten.
– Ja.
– Men hvordan! Som nedrig medister med snude og vridbor.
– Det er jo hans ømhed, hans humor.
– At afbilde dig som natpotte, flækket hvalros, industribræk!
– Han afbilder ikke, han maler sandheden, og sandheden er kompleks.
– Hvorfor kommer hans egen skygge så ikke med på billedet?

14

"Goddammit Donna, when he's consumed you, you end up on the masonite."
"Right."
"But look how! As a lowlife sausage with a snout and gimlet."
"But that's his sensitivity, his humor."
"To depict you as a bedpan, a chipped walrus, industry-vomit!"
"He's not depicting me, he's painting the truth, and the truth is complex."
"Then why isn't his own shadow in the picture?"

15

om jeg fatter hvordan det kan skvatte sammen og ekspandere på samme tid, vakle indadtil og fremskynde udadtil, give fortabt og blotlægge muligheder

hvad vi har for os er et uforsonligt opgør, en kollision mellem former der hader og bekriger hinanden – og hvad ser vi: en stor glad familie

eller sagt på en anden måde: der skiftes hele tiden visuelle gear, og alligevel avancerer man, så det er en fornøjelse for øjet uden at det går ud over resten af kadaveret

skarpt/flydende, konvekst og konkavt, hvert motiv har både sit egetliv som detalje og en forstærket betydning i ensemblet

alt holdes i spil af en fraværende realitet, for der er ingen "hel virkelighed", der er ingen harmoni i det vi kender

15

do I grasp how it can collapse and expand at the same time, wobble inwardly and hurry outwardly, admit defeat and lay bare possibilities

what we have in front of us is an implacable showdown, a collision between forms that hate and besiege one another – and what do we see: a big happy family

or put another way: visual gears are shifting continually, yet still we advance, so it's a pleasure to the eye without it harming the rest of the cadaver

sharp/flowing, convex and concave, every motif has both its own existence as a detail and an amplified meaning in the ensemble

everything is kept in play by an absent reality, because there is no "whole reality," there is no harmony in what we know

22

Den store nymfe møder jeg på stranden eller udenfor biografen, men mest i skoven, ved Tyve-søen, mellem tagrør og gule sværdliljer (man hører fjernt østenvinden og bilerne der haler op over bakken).

Den store nymfe er flot som et vandtårn. Magelig svulmen og lodret energi. Former der på samme tid åbner og lukker sig. En stor og sund stemme – hun synger "La mamma morta" så jeg forglemmer mig selv, min astma, min ironi.

Derfor dyrker jeg hende, hun får mig til at fænge, jeg tynder ikke ud, jeg forholder mig til tid og sted. Tit føler jeg mig som en pil der dirrer på strengen og aldrig blir skudt af. Den store nymfe hjælper mig til klarhed over kræfter og drivkræfter, korrigerer min ambition, jeg ser roligt på mig selv og mine muligheder, min iver, min higen, hvad jeg skal og ikke skal.

Jeg opgir drømmen om frelse ved matematik. Der er intet at bevise, der er ingen løn. Det betyder ikke at livet bare er en dragt prygl "som af en usynlig hånd".

22

I meet the great nymph on the beach or outside the movies, but usually in the woods, by Twenty Lake, between downspouts and yellow sword-lilies (you can hear the distant east wind and the cars climbing the hill).

The great nymph is as striking as a water tower. Nicely swollen and vertical energy. Forms that open and close at the same time. A big, healthy voice – she sings "La mamma morta" and I forget myself, my asthma, my irony.

Which is why I worship her – she makes me catch fire. I'm not thinning out, I'm relating to time and place. Often I feel like an arrow vibrating on a bowstring and never being shot. The great nymph helps me to clarity of strength and motivation, corrects my ambition, I look calmly at myself and my possibiities, my zeal, my aspiration, what I should and shouldn't.

I am giving up the dream of being saved by mathematics. There is nothing to prove, no pay. This doesn't mean that life is just a good beating "as by an invisible hand."

24

På en byggemoden mark ud mod bugten med havn og motorvej og skysystemer der bevæger sig let og planmæssigt over en blank himmel står jeg så og forlyster mig med min indre uordentlighed

dette rodsammen af flade og dårligt afvandede arealer, floder med lig drivende i strømmen, menagerier af geder, hvide kameler, ulve og høns og smukke parlamentsvalg

og fraktalernes endnu skønnere verden som luftige pyramider af nylontråde og grædende sigøjnerbørn der får selv en hovmester til at smelte

og skrubtudsen på vej ned i slangen, en sidste lille hånd, et sidste adieu til de endnu levende kummefrysere, tørretumblere, baskerhuer, sofamaver og tidens bæven, tidens håb, de rasende sporskiftere (så små! så få!)

Når jeg har pint mig selv længe nok går jeg hjem i seng. Og ligger og ser på væggen hvor jeg med spritskriver har skrevet ORDEN UNDTAGELSEN, KAOS REGLEN.

Det nytter ikke. Pineriet kører videre som en coda der ikke vil ta slut.

24

On a field ready for development out towards the bay with a harbor and interstate and cloud patterns moving gently and methodically across a bright sky I stand there amusing myself with my inner disarray

this collective mess of flat and poorly watered areas, rivers with corpses floating in the current, menageries of goats, white camels, wolves and chickens, and beautiful parliamentary elections

and the fractals' even more beautiful world like airy pyramids of nylon thread and crying gypsy children who would even melt the heart of a butler

and the toad on its way down in the snake, one last little hand, a final adieu to the still living chest freezers, clothes dryers, berets, sofa stomachs, and time's trembling, time's hope, the furious switchmen (so little! so few!)

When I have plagued myself long enough I walk home to bed. And lie there and stare at the wall where I have written with a marker ORDER THE EXCEPTION, CHAOS THE NORM.

It doesn't help. The torment continues like a coda that will not end.

25

Hvad er det? Leverpletter på en
Skaldepande, Ny Castilien
Sten forbrændt af roser?

Døde pletter i klangbilledet
Tåge og mælkehvidt glas
Lysgivere der hilser på alt og intet

Rå granit poleret granit
Dugede borde med papirfirkant
Linealer retter op, plamager plører

Det sovser ned over lærredet
Balance mellem farve og streg
Skimt af en sammenhæng

25

What is it? Liver spots on a
bald head, New Castle
Stones burnt by roses?

Dead spots in the soundscape
Fog and milky white glass
Light sources greeting everything and nothing

Raw granite polished granite
Tableclothed tables with a square of paper
Rulers straightening out, blotches muddying

Sauce is dripping down the canvas
Balance between color and line
Glimpse of a connection

27

At komme
fra disse bål på stranden
fra nærvær under bjergfyr
alene med den endnu klare bæk

til højspændte ikke-systemer
elektroniske grædemure
bardus

fra egen bekendte skygge i forgrunden

ind i turbulensen
ind i dagens brækkende
krydsfelter

og *ud*
igennem

*

Hvordan gør man det
Hvordan "skildrer" man det

Det er umuligt
Altsa:
man må snuppe, ta fra, smide væk
ruppe sammen og la stå til

ikke lede efter tabte tråde
lade sig lede

af stoffet, materialerne
af hånden

imaginær
men rede

27

To come
from these campfires on the beach
from intimacy under the mountain pines
alone with the still clear stream

to high-tension anti-systems
electronic wailing walls
barbuzz

from your own recognizable shadow in the foreground

into the turbulence
into the day's breaking
mainframe

and *out*
through

          *

How do you do it
How do you "depict" it

It's impossible
That is:
you can snatch, subtract, throw away
heap together and let be

don't look for lost threads
let yourself be led

by the fabric, the materials
by the hand

imaginary
but ready

28

Plasticsække struttende violette. Væltede latyrus. Murstensgulv ...
Det er én vej: reducere den ydre verden til nogle simple bistanddele;
definitive, lidt saftløse sammenføjninger.

En anden vej: kringle sig frem eller færge sig frem på drømme til en
slags slutning, noget foreløbigt, det kunne være en tegneserieslutning.

Tredje måde: anbringe alt muligt trivielt og ligegyldigt i midten;
derved vækkes måske opmærksomheden på det afgørende der foregår
i baggrunden eller udenfor billedet ... en produktiv længsel, der
lukkes op for følelser lige under huden, uudfoldede, afventende – og
så pludselig slår raseri om i aktion.

Eller der sker ingenting, ingen skal rives ned, ingen brudflader
tvinges sammen – veje, udveje, løsninger blir mer og mer besværlige,
derfor mer og mer uinteressante.

28

Plastic sacks flaunting violet. Sweet peas fallen over.
Brick floor... That's one way: reduce the outer world to a few simple objects; definitive, somewhat dehydrated accumulations.

Another way: meander or ferry yourself forward on dreams to a kind of ending, something temporary, it could be a cartoon ending.

Third way: put everything trivial and inconsequential in the middle; maybe that will bring attention to the critical which is occurring in the background or outside the picture... a productive yearning, which opens you to feelings just under the skin, undeveloped, waiting – and that suddenly transforms anger to action.

Or nothing happens, no one is going to be knocked down, no broken surfaces will be forced together – roads, ways out, solutions become more and more difficult, therefore more and more uninteresting.

29

Det umulige, det er mig, det er mit speciale, det beskriver jeg.

Det er fidusen: at byde sig selv en modstand som man ikke kan klare, lidt for lange spring, lidt for skrappe perspektiver.

F.eks. visuelle pointer, uden oplæg, gesvindt op af posen; uhyre vildmarker, som man ikke har adkomst til; fornøjelsens høstak, som man ikke har råd til (der er heller ikke høstakke mer)

Men især bygninger. Huse og den slags. Hvad ved jeg om denne filetfabriks "ben", der er forankret som teltbarduner i den omgivende brolægning? Eller længere nede i gaden, lige før arresthuset ... jeg forstår på folderen, at Institut for Sol og Vandenergi er et skelsættende arkitektonisk eksperiment. Men kan det passe, at de enkelte dele skærer og skubber sig diagonalt ind i hinanden? Kan man sige det? Og rødt og blåt stål! *Er* det stål?

Når jeg giver efter for min geskæftighed og kribler løs som en nybegynder der *vil* være journalist, så er det også fordi jeg ved, at enhver logisk struktur altid vil indeholde "indre huller", hvor logikken bryder sammen.

Netop det, at jeg heller ikke kan klare det umulige, de overlegne principper, den fuldendte syntese, bevirker at mine forsøg holder sig oprejst.

29

The impossible – that's me, that's my specialty, what I describe.

The trick is: offer yourself opposition you can't handle, a jump a little too far, perspectives a bit too harsh.

For example – visual points, without introduction, right from the bag; vast prairies that you can't enter; enjoyment's haystack, which you can't afford (there are no haystacks anymore anyway)

But especially buildings. Houses and things like that. What do I know about the "bones" of this fillet factory which are anchored like tent wires in the surrounding pavement? Or farther down the street, just before the jailhouse ... I understand from the folder that the Institute for Solar and Water Power is a groundbreaking architectonic experiment. But can it be that the individual parts cut and push into one another diagonally? Can you say it like that? And red and blue steel! *Is* that steel?

When I give in to my officiousness and scribble away like a greenhorn who *has* to become a journalist, it's also because I know that every logical structure always will contain "inner holes" where the logic breaks down.

And just that, that I can't deal with the impossible either – the superior principles, the complete synthesis – makes my attempts preserve their dignity.

33

Er det ikke underligt så lidt vi forlanger af livet.
Så nøjsomme, så nedstemte.

Ellers fik vi endnu mere gigt i fingrene, seneskedehinde-betændelse og myoser. Vi vil ikke skuffes over evne.

Og alligevel går vi rundt og sveder som tjærede plankeværker.

Og migræne og mavesår. Vi garderer os. Middel sygdom for at undå mega.
Creme og vandglas så vi slipper for at tage mål.

Universet vælder ud, vi bliver mindre og mindre.
Støj i systemet. Dårlig billedkvallitet. Vimmer.

33

Isn't it strange how little we demand of life.
So modest, so subdued.

Otherwise we would get even more arthritis in our fingers, carpal tunnel syndrome and myalgia. We don't want more disappointment than we can handle.

And still we go around sweating like tarred planks.

And migraines and ulcers. We hedge our bets. Moderate sickness in order to avoid mega. Creams and a water glass so we don't have to evaluate.

The universe is expanding, we are getting smaller and smaller.
Static in the system. Poor picture quality. Flickering.

38

Så kom der nogen fra Oleander-gruppen og Mithra-holdet. "Vi vil godt redigere dine motiver." "Hvad vil I?" "Erkend verden som den er. Så får du styrke til at udholde din skæbne og tage vare på dine markedsandele, det gør du faktisk dårligt." Og mer af samme skuffe: "Få insigt i det universelle mønster. Lær sprog, vores sprog. Næsten ingen syntaks."

Jeg afviste deres forslag som de også fremlage i form af illustrerede begyndelsesgrunde og introduktionstilbud.

Så skiftede de tone, slog på at de kendte James Bond " i virkeligheden," og Elektra og andre stærke navne som jeg ikke vidste af. En af dem, som lignede en bedepult i ansigtet, pegede på mig med sin riffel og peb: "Du tror du har det indre lys, men *dit* indre lys er ørevoks."

En anden mere fremkommelig type, selvom han så ud som om han havde sat en vildmose til vægs, prøvede med fedterøvsmetoden. "Du har selv sagt at man må ændre fremstillingsformen når virkeligheden ændrer sig. Jamen det er det vi vil. Forvandling. Du opnår to gevinster hvis du tilslutter dig vor retning: 1. Du får lejlighed til at studere den indefra. 2. Du blir i stand til at videreudvikle dit arbejde på nye præmisser."

Sådan skal der tales til mig. Jeg så ham i øjnene og lyttede. "Man siger om dine ruinbilleder at de rummer en særegen poesi. Et forbund med os vil hverken skade dine ruiner eller din poesi. Tværtimod."

Jeg raskede ud med armene, smilede og spekulerede i fuld galop på nogle udglattende og undskyldende ord. Jeg frygtede at den stod på tæv eller værre, hvis jeg blev ved med at sige nej.

Pludselig var de væk. I luften hang en replik: "Nu mangler han bare en bette ildvogn."

38

Then someone came from the Oleander Group and the Mithra Team. "We would like to edit your motives." "What do you want?" "To acknowledge the world as it is. So you have the strength to bear your fate and utilize your market share, which you actually are doing quite poorly." And more of the same: "Get insight into the universal pattern. Learn language, our language. Almost no syntax."

I dismissed their offer which they also laid out in the form of illustrated reasons to begin and introductory offers.

Then their tone changed, mentioned they knew James Bond "in real life," and Electra and other big names whom I didn't know. One of them, who had a face like an altar, pointed his rifle at me and squeaked: "You think you have inner light, but *your* inner light is earwax."

Another more amenable type, even though he looked like he had gotten the better of a bog, tried the ass-kissing approach. "You yourself have said that when reality changes one ought to change the form of production. Well, that's exactly what we want to do. Transformation. By aligning yourself with us, you achieve two results: 1. You get the chance to study it from the inside. 2. You will be able to develop your work further on new terms."

That's the way to get my attention. I looked him in the eye and listened. "I've heard that your pictures of devastation contain a unique poetry. A partnership with us won't harm either your ruins or your poetry. On the contrary."

I threw open my arms, smiled, and speculated on a full run about some excuses and words to smooth things out. I was afraid that a beating awaited, or worse, if I kept saying no.

Suddenly they were gone. In the air hung a remark: "Now he just needs a little chariot of fire."

42

Der er ikke hold i den mand
han er ikke dyb
han er flov som bongotrommer
han er et katalog over biting

nips, han går i hjemmesko
han har centralperspektiv
han kan ikke sine kategorier
han kan ikke sondre

"Ild, Aske & Øretæver", Sundheds-
Sonetter – alt supper han sammen
han ved ikke hvad kiselalger ved:
vil man leve må man specialisere sig

han er pejseild, aldrig passion
aldrig rigtig afgrund, hans "irgange"
er riller i pladen, brødkrummer
han har ingen egen mytologi

han er hverken udstrakt eller intim
han er narcissist bag bred maske
han tør ikke kende sit egentlige navn

42

There's nothing in that man to hold on to
he's not deep
he's as embarrassed as bongo drums
he's a catalog of trivialities

knick-knacks, he wears slippers
he has central perspective
doesn't know his categories
he can't distinguish

"Fire, Ash & Whacks" Health-
Sonnets – he blends everything together
doesn't know what diatoms know:
if you want to survive you have to specialize

he is a fireplace fire, never passion
never a real abyss, his "convolutions"
are grooves in the record, breadcrumbs
he has no personal mythology

he is neither widespread nor intimate
he is a narcissist behind a broad mask
he doesn't dare know his actual name

46

– Hvad laver du?
– Jeg kondenserer modsætninger og komplikationer, lim og skærver ned over skrænten, frosne kaskader, kløvet og surt, strengt og afmålt
– De dér mellemrum – ?
– Dér ligger udsagnet, dér dukker du op.

46

"What are you doing?"
"I'm condensing contrasts and complications, glue and rubble down over the cliff, frozen cascades, split and sour, strict and measured"
"Those spaces there – ?"
"Therein lies the point; that's where you come in."

47

afbryde en lovende løbebane i centraladministrationen for at udføre full-time "flaskepost til fremtiden"

idioten må da vide at når menneskeheden overlever er det på grund af fantasiløshed

og hvad er tid andet end utid, iscenesat natur

som disse asiatiske templer der blir ved og ved ind i junglen

det kommer der ikke noget godt ud af

47

interrupt a promising career in central management in order to carry out a full-time "message in a bottle to the future"

the idiot ought to know that when humanity survives it's from lack of imagination

and what is time but untimely, organized nature

like these Asian temples that go on and on in the jungle

nothing good is going to come of that

48

du behøver ikke hitte på, du kan nøjes med at citere

så er du i rotation som bollemælk og løgsovs handler om bollemælk og
løgsovs

og svampesporer
og hullet i himlen udløser tyverialarmer
Fortunas hjul
og isen smelter
gas og kloaksaft

det skummer, det breder sig ud, ubestemmeligt,
altid det samme, altid noget andet

så ta hvad du kan få, fugle nutildags aner heller ikke hvad de hugger i sig,
men hva faen, som de siger, hellere en gang lort end ligge det offentlige til
byrde

sidde hjemmestrikket og kvæde om sin fortabthed, det er jo ulækkert

når du har dette lokum af metaforer væltende gratis ind

48

you don't have to make it up, just quoting is good enough

then you're in rotation like small potatoes and onion gravy are about small potatoes and onion gravy

and mushroom spores
and the hole in the sky triggers burglar alarms
Fortunas wheel
and the ice is melting
gas and sewerjuice

it's frothing, it's spreading, indefnitely, always the same, always something else

so take what you can get, birds these days don't know what they're swallowing, but what the hell, as they say, better a pile of crap than being a burden to society

sit around homemade, chanting about your despair, that's disgusting

while you have this latrine of metaphors pouring in for free

52

se her en kasse
vi beklæder den med lærred
vi antyder en åbning
en hvidmalet sølvplade

som vemod og raseri
tiltrækker hinanden
uden at kunne inde-
sluttes i hinanden

52

here we have a box
we cover it with canvas
we hint at an opening
a silver plate painted white

like sadness and rage
attract one another
without being able to
contain one another

55

Metalplader
boltet og skruet i vejret
der gøres rede for
alle koblinger og led
der er noget der sidder fast
der er noget der bevæger sig
underminerer
og kiler videre
i andre retninger
linjer stiger stejlt
og linjer flader ud
som det stiplede lys
fra nattrafikken
røber rumlige genstande
grusdynger, rækværk
figurer der står og venter
som det blide sekund
før et stort stillads
braser sammen.

55

Metal plates
bolted and screwed in the air
all couplings and joints
accounted for
there is something attached
there is something moving
undermining
and hurrying off
in other directions
lines rising steeply
and lines flattening out
like the stippled light
of night traffic
reveals roomy objects
piles of gravel, railings
figures standing and waiting
like the gentle second
before a huge scaffold
comes crashing down.

56

jeg ved ikke mere
jeg har kun ord for det jeg ser
jeg ser kun det jeg har ord for

56

I don't know any more
I only have words for what I see
I only see what I have words for

58

Glæde
pludselig
som kig ind i oplyste rum
skifter mellem mur og glas
som nærvær og afstand
er sammen
uden at tale sammen
løvfald
alizaron
hvor billeder viser sig forsvinder de
altid en farve aldrig det sidste ord

58

Joy
suddenly
like a glance into illuminated spaces
alternating between wall and glass
like intimacy and distance
are together
without speaking
falling leaves
alizarin
where pictures show themselves they disappear
always a color never the last word

61

vil hele tiden ud over bordenden for at fange et strejf af bevægelse, modbilleder, noget der skyller ind og lyser som runde glatte sten efter pålandsstorm, bændeltang, Medusa forvandlet til måger, vingehesten klaprende op i diagonalen

noget der ikke er en gentagelse, noget der blir til

61

always trying to get over the edge of the table to catch a glimpse of movement, opposites, something that washes in and glistens like round smooth stones after a landward storm, eel grass, Medusa transformed into seagulls, the winged horse flapping up on a diagonal

somthing that isn't a repetition, something that arises

62

som en arkitekt skitserer
polariserer, fusionerer, laver om

når bygningen endelig kommer op
er den overhalet

står og vakler på sine proteser
udkørt, færdig

den der skaber i rum taber i tid
den der artikulerer øder sin krop

62

like an architect sketches
polarizes, merges, redoes

when the building finally rises
it is surpassed

stands wobbling on its prosthetics
exhausted, finished

he who creates in space loses in time
he who articulates lays waste to his body

65

Så bliver da kamera, video, TV, disse tre; men størst af dem er TV-stationen

er og bliver, det ene kan skiftes ud med det andet, alt associerer, endeligt og elastisk, alle programmer matcher, alle dele passer ind, reservedele, ædlere dele, delikatesser

en smaskig gullasch, hvidløg er på fremmarch som haute couture og kirkeprocessioner og enkeltmand med sin skæbne i egne hænder – sådan skal det være for sådan er det, samme billedforløb over det hele, mange tunger, én speech

stort er altid større end småt, rig rigere end fattig, men ikke bedre – hatten overstråler ikke hytten, eremithuler og blikskure er ikke finere end lejekaserner, boligløse ikke højere på strå end deres bygherrer

som hjorten ikke besværes af sit gevir ser man ikke ned på de sultne, kunstløb er lisså meget kunst, interaktion, fri bane, alle regler er gyldne, alle snitmønstre gælder – se selv

det sande billede er ikke det der ligner men det der revner

65

And now these three remain: camera, video, TV these three; but the greatest of these is the TV station.

is and remains, the one can be replaced by the other, everything associates, finally and flexibly, all programs match, all parts relate, spare parts, nobler parts, delicacies

a slurpy goulash, garlic is on the advance as haute couture and church processions and an individual with his fate in his own hands – this is how it should be because that's the way it is, the same picture sequence everywhere, many tongues, one speech

big is always bigger than little, rich richer than poor, but no better – the hat doesn't outshine the hut, hermit caves and corrugated metal sheds are no finer than tenements, homeless no better off than their landlords

like the deer is not inconvenienced by its antlers one does not look down on the hungry, figure skating is just as much art, interaction, free play, all rules are golden, all patterns count – just look

the true picture is not the one that bears resemblance, but the one that splits open

66

lyseblåt plisseret vand

bundløs harmoni

Sommerfugleeffekten

66

light blue pleated water

bottomless harmony

The Butterfly Effect

Grøn Sang

Ned og op
Op og ned
Et barn gynger
i sommerens regn
udenfor alt
inde i alt
der blinker
falder
uden alder
uden tegn
Ned og op
Op og ned
Et barn synger
i sommerens regn
i sommerens grønne
sorgløshed.

Green Song

Down and up
Up and down
A child swings
in the summer rain
outside everything
inside everything
that blinks
falls
without age
without sign
Down and up
Up and down
A child sings
in the summer rain
in the summer green
freedom from care.

Danish author ERIK KNUDSEN (1922-2007) wrote seventeen poetry collections along with dozens of pieces for Danish radio, TV, and theater. While working as a teacher for most of his life, he was also a literary editor and a translator of plays and poetry. A peace activist, Knudsen founded organizations opposing both the Vietnam War and military interventions in South America. He was an active lecturer in the peace movement and often spoke at demonstrations.

MICHAEL FAVALA GOLDMAN, besides being a poet and jazz clarinetist, is a widely-published translator of Danish literature. Over one hundred of his translations have appeared in journals like *Rattle, The Harvard Review,* and *The Columbia Journal.* Among his ten translated books are *The Water Farm trilogy* and *Selected Poems of Benny Andersen.* www.hammerandhorn.net

www.ingramcontent.com/pod-product-compliance
Lightning Source LLC
Chambersburg PA
CBHW030050100526
44591CB00008B/94